自然災害に備える！

火災・地震保険とお金の本

石川英彦×高田晶子×三上隆太郎

自由国民社

はじめに

昨今、台風や豪雨などによる風水害や土砂災害が多発しています。地震も、東日本大震災、熊本地震を経て現在も各地でよく起こっています。

それら災害は物的な被害、身体的な被害だけでなく、この先の生活に対する大きな不安を引き起こしています。被災地の方のみならず「自分が住む場所で同じようなことが起こったら……」という不安は全国の方が感じていることでしょう。

そんな不安を解消するには、「正しい情報を得ること」「経済的なリスク対策に対する正しい認識」が必要です。この2つの大切な考え方を盛り込んでできたのがこの一冊です。

1章では、Q&A形式で風水害や地震に関する保険の仕組みや手続き、保険金支払いに関することなど、お客さまから特に多い疑問質問を中心にお答えしています。この章をご覧いただければ、今皆さんが疑問や不安に思っていることはほとんど解決できるでしょう。

2章では、火災保険と地震保険の中でも特に知っておいていただきたい、基本中の基本の内容を集めてみました。「火災保険や地震保険はそういうものだったのか」という気づきが多い内容です。

3章では、災害時を想定した場合、その経済的なリスクに対する考え方を解説しています。リスク対策＝「保険」ではなく、「緊急予備資金」という考え方を取り入れ、また、普段からの予防や注意も十分なリスク対策になることを解説しています。

この本は、住宅建築・不動産のプロである株式会社ＭＫＭの三上隆太郎により、建物の専門家の視点から火災保険と地震保険の解説をしているところが特徴です。また、ファイナンシャルプランニングで実績がある、金融デザイン株式会社の石川英彦、高田晶子により、長年のファイナンシャルプランニングの現場から得た経験を武器に災害時に備えるお金の話を解説しています。

各分野の専門家である私たちが協力し、いち早い被災地の復興を願いながら書いたこの一冊は、皆が安心を得るための一助になるでしょう。

２０２０年９月　執筆者一同

目次

第1章 火災・地震保険ココが知りたい!

① 火災保険について

❷ 地震保険について

第2章 いちばんわかりやすい火災・地震保険の基本

第3章 災害に備えるお金のはなし

【第1章】

火災・地震保険ココが知りたい！

この章では、素朴な疑問から、近年、頻繁に発生している風水害や地震による被害で問題になるケースまで、火災保険と地震保険の気になる疑問をQ＆A方式で解説します。

保険会社への聞き込み調査の結果と日頃よりご質問の多かった内容を整理して55項目にまとめています。

① 火災保険について

Q1 自然災害によって被害を受けたときに補償してくれる保険は？

A 火災保険か地震保険が補償します

「大雨による洪水・土砂崩れ」、「台風・竜巻」、「高潮」、「雪災・ひょう災」、「落雷」による被害は火災保険、「地震・噴火・津波」による被害は地震保険で補償されます。建物だけでなく家財も保険の対象にすることで、自然災害により生じた家財の損害も火災保険や地震保険で補償されます。

近年、地震だけでなく台風や洪水等の自然災害による被害が全国各地で発生し、甚大な被害をもたらしており、火災保険や地震保険から多額の保険金が支払われています。

過去の主な風水災等による保険金の支払い

	災害名	地域	対象年月日	支払件数(件)※	支払保険金(億円)※			
					火災・新種	自動車	海上	合計
1	平成30年台風21号	大阪・京都・兵庫等	2018年9月3日～5日	857,284	9,363	780	535	10,678
2	令和元年台風19号(令和元年東日本台風)	東日本中心	2019年10月6日～13日	295,186	5,181	645	-	5,826
3	平成3年台風19号	全国	1991年9月26日～28日	607,324	5,225	269	185	5,680
4	令和元年台風15号(令和元年房総半島台風)	関東中心	2019年9月5日～10日	383,585	4,398	258	-	4,656
5	平成16年台風18号	全国	2004年9月4日～8日	427,954	3,564	259	51	3,874
6	平成26年2月雪害	関東中心	2014年2月	326,591	2,984	241	-	3,224
7	平成11年台風18号	熊本・山口・福岡等	1999年9月21日～25日	306,359	2,847	212	88	3,147
8	平成30年台風24号	東京・神奈川・静岡等	2018年9月28日～10月1日	412,707	2,946	115	-	3,061
9	平成30年7月豪雨	岡山・広島・愛媛等	2018年6月28日～7月8日	55,320	1,673	283	-	1,956
10	平成27年台風15号	全国	2015年8月24日～26日	225,523	1,561	81	-	1,642

一般社団法人 日本損害保険協会調べ(2020年3月末現在)。
※支払件数、支払保険金は見込です。支払保険金は千万円単位で四捨五入を行い算出しているため、各項目を合算した値と合計欄の値が一致しないことがあります。

Q2

台風で川の堤防が決壊して、わが家が水浸しに…保険金は支払われる？

A 「水災」の補償を選んでおけば、一定以上の損害が発生した場合に補償されます

建物が床上浸水、または地盤面より45㎝を超える浸水、または損害割合が30％以上の場合となったとき保険金が支払われます。また、家財を補償の対象にしておけば、床上浸水で家電製品や家具などに損害が出た場合も補償されます。

※水災の補償に自己負担額が設定されている場合、損害額（修理費）から自己負担額を差し引いた保険金が支払われます。

大規模な水害が発生すると床上にまで浸水しなくても、床下にはたくさんの水や泥が溜まっている場合があります。床下の水や泥を掃き出すだけでなく、乾燥させたり消毒したりする必要がありますので、水害が発生し床上にまで浸水が及ばなかったと

きでも、床下点検口を兼ねた床下収納庫等を開けて床下を必ず確認してみましょう。

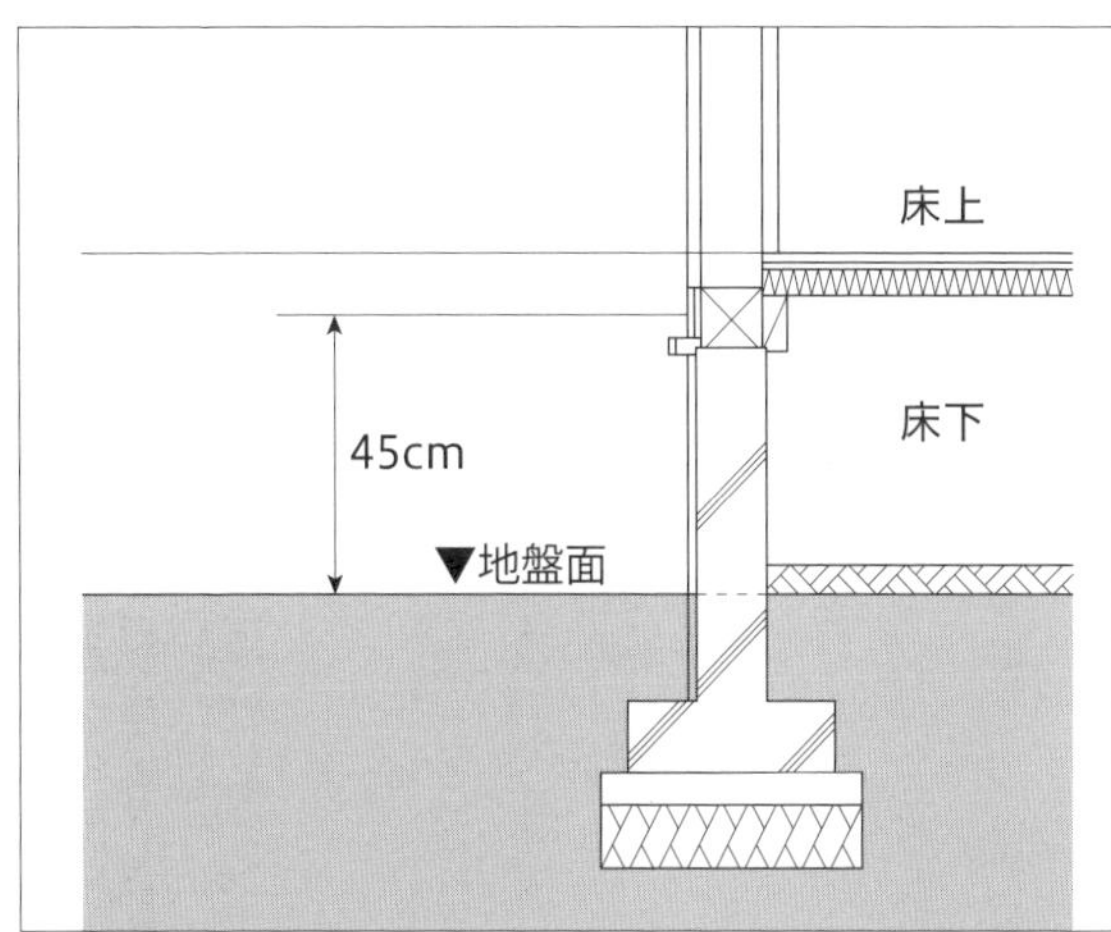

床下収納庫

Q3

エアコンの室外機が洪水で水没して壊れた。補償の対象になるの？

A

「水災」の補償がついていて、住宅が床上浸水、または地盤面より45㎝を超える浸水になれば、補償の対象になります

ただし、持ち家の場合には、エアコンの室外機は「建物」の一部として取り扱われるため、「建物」に「水災」の補償がついていることが条件となります。

賃貸住宅にお住まいで、エアコンを所有している場合には、室外機も「家財」として取り扱われるため、「家財」に「水災」の補償がついていることが条件となります。

Q4 洪水で現金が流された！保険金支払いの対象になる？

A 対象になりません

火災保険および地震保険では、家財のうち、次のものは補償の対象には含まれません。そのため洪水や津波で現金が流されても補償されません。

①通貨、有価証券、預貯金証書、印紙、切手（通貨、預貯金証書の盗難は一定額のみ補償）
②自動車、船舶
③商品、営業用什器・備品その他これらに類する物
④稿本、設計書、図案、証書、帳簿その他これらに類する物

Q5

台風で屋根の瓦が飛んだ。修理費用は支払われるの？

A 「風災・ひょう災・雪災」の補償を選んでおけば補償されます

台風や竜巻等による強風で屋根瓦が飛んでしまったときだけでなく、雨どいが破損した場合も補償されます。

※風災の補償に自己負担額が設定されている場合、損害額（修理費）から自己負担額を差し引いた保険金が支払われます。

※損害の額が20万円以上の場合にのみ保険金が支払われる「20万円フランチャイズ」を選べる商品もあります。

Q6

竜巻で窓ガラスが割れ、室内の家財がぐちゃぐちゃに。保険金は支払われるの？

A 建物と家財それぞれを保険の対象として「風災・ひょう災・雪災」を選んでおけば補償されます

竜巻で飛んできたものが家にぶつかり、壁に穴が開いた場合や破損した場合も補償されます。

屋根や外壁、窓ガラスといった建物の付属物の被害は建物の損害として保険金が支払われ、壊れた家電・家具等や使えなくなった衣類・布団等の被害は家財の損害として保険金が支払われます。

台風や竜巻で窓ガラスが割れ、風雨の侵入により家電製品が壊れてしまった場合も家財の被害として補償されます（窓の閉め忘れにより家財に損害が生じた場合は、補償されません）。

※風災の補償に自己負担額が設定されている場合、損害額（修理費）から自己負担額を差し引いた保険金が支払われます。
※損害の額が20万円以上の場合にのみ保険金が支払われる「20万円フランチャイズ」といった選択を選べる商品もあります。

Q7 台風で自宅に被害が…現場を見てもらうまで片付けるのは待った方がいいの？

A 片付けが必要な場合、待つ必要はありません

安全上、防犯上、衛生上等の問題から片付けや修理が必要な場合は行っても大丈夫です。ただし、可能な限り被害状況は写真等による記録として保管しておくことが大切です。

また、早急な修理等が必要な場合には見積書等を入手し、保険金請求時までしっかり保管しておきましょう。

Q8 大雨で道路が冠水し、車の中に水が入ってしまった。補償の対象になる？

A 火災保険では補償されませんが、自動車保険で補償されることがあります

火災保険では、自動車は補償の対象外です。そのため、洪水で車に損害があっても、補償されません。

ただし、自動車保険の車両保険に加入している場合には、一般車両保険・限定車両保険のどちらでも補償の対象となります。

自動車保険の補償内容は、自動車事故により相手の身体や物に与えた損害を補償す

一般車両保険と限定車両保険の補償範囲の違い

	一般車両保険（オールリスクタイプ・フルカバータイプ）	限定車両保険（エコノミータイプ）
自動車以外の他物との衝突	○	×
当て逃げ	○	×※
転覆・墜落	○	×
車と車の衝突	○	○
火災・爆発	○	○
盗難	○	○
台風・洪水・高潮	○	○
窓ガラス破損・いたずら・落書き	○	○

※一部の保険会社では補償対象となっている商品があります。

る対人・対物賠償責任保険を基本に、自分や同乗者の事故によるケガを補償する人身障害補償保険と搭乗者傷害保険、自分の車の損害を補償する「車両保険」で構成されています。

車両保険には、一般車両保険（オールリスクタイプ、フルカバータイプとも呼ばれる）と限定車両保険（エコノミータイプとも呼ばれる）の２種類があります。

Q9 竜巻で車が飛んで行ってしまった。車両保険は使える？

A 火災保険では補償されませんが、車両保険で補償されることがあります

火災保険では、自動車は補償の対象外です。そのため、竜巻等風の影響で車に損害があっても、補償されません。

ただし、自動車保険の車両保険に加入している場合には、一般車両保険・限定車両保険のどちらでも補償の対象となります。

Q10

大雨で駐輪場に置いていた自転車が流された。補償の対象になる？

A 補償の対象になります

敷地内の自転車は火災保険の対象になります。そのため、家財を保険の対象にして水災の補償をつけていれば、敷地内から流された自転車については補償されます。

ただし、敷地の外に駐輪していた際に流された場合には補償されません。

Q11 台風で自宅の瓦が飛んでしまい、隣の家の窓ガラスを割ってしまった。補償の対象になる?

A 隣の家の火災保険で補償されます

隣の家の火災保険に風災の補償がついていれば、隣の家の保険で補償されます。自分の家の瓦が原因であっても、台風や突風等の自然現象によるもので過失がなければ、損害賠償責任は生じません。

そのため、個人賠償責任補償特約がついていたとしても、その補償の対象にはなりません。

Q12

落雷で電源が入っていたパソコンが壊れた。火災保険で補償されるの？

A

家財を保険の対象にしていれば補償されます

パソコンだけでなく、テレビやゲーム機、電話機等が壊れてしまった場合等も補償されます。

※自己負担額が設定されている場合、損害額（修理費）から自己負担額を差し引いた保険金が支払われます。

Q13 ひょうが降ってきて屋根に穴が開いた。保険金は支払われる?

「風災・ひょう災・雪災」の補償を選んでおけば補償されます

ひょうで屋根に穴が開いてしまったときは、ブルーシートで応急処置するなど、本修理を行うまでの間に早急に修理が必要な仮修理費用も支払われる場合があります。

ひょうやあられによる自動車の損害は、火災保険では補償されません。自動車保険の車両保険に加入している場合には、一般車両保険・限定車両保険のどちらでも補償の対象となります。

※風災の補償に自己負担額が設定されている場合、損害額(修理費)から自己負担額を差し引いた保険金が支払われます。
※損害の額が20万円以上の場合にのみ保険金が支払われる「20万円フランチャイズ」を選べる商品

もあります。

Q14 大雪でカーポートの屋根が壊れた。保険金は支払われるの？

A 「風災・ひょう災・雪災」の補償を選んでおけば補償されます

建物に付属する物置や車庫、門や塀、外灯等も保険の対象になります。また、家財を補償の対象にしておけば、雪崩で建物の外壁が破損し室内に流れ込んだ雪で家財が破損した場合も補償されます。

※自己負担額が設定されている場合、損害額（修理費）から自己負担額を差し引いた保険金が支払われます。

※損害の額が20万円以上の場合にのみ保険金が支払われる「20万円フランチャイズ」を選べる商品

もあります。

Q15

台風、豪雨で裏山が土砂崩れし住宅に損害が出た場合も、火災保険で補償される？

A 「水災」の補償を選んでおけば補償されます

ただし、建物が床上浸水または地盤面から45㎝を超える浸水を被った結果生じた損害や、土砂崩れによる損害により建物の損害割合が30％以上の場合に保険金が支払われるなど、さまざまな条件があることが一般的です。

Q16

自然災害によってケガをした場合、保険金は支払われるの？

A 台風や洪水等の場合には支払われますが、地震でケガをした場合には支払われません

台風や洪水等によりケガをした場合、傷害保険や生命保険の入院・通院保険金は支払われます。

しかし、地震、噴火、津波によるケガの場合には、傷害保険の対象にはなりません。「天災危険担保特約」を付帯することで、地震、噴火、津波による事故も補償することができます。

一方、医療保険や入院特約の約款では、前提として支払い対象外（免責事由）としていながらも、状況に応じて全額支払いもしくは削減支払いとしています。東日本大震災においては、保険会社全社が支払いを行いました。

Q17

自然災害によって死亡した場合、生命保険の死亡保障は出るの？

A 普通の死亡保険金は支払われます

生命保険の死亡保険金・高度障害保険金は、地震、噴火、津波による死亡でも支払われます。終身保険や定期保険、収入保障保険、終身保険、特定疾病定期保険等、死亡した場合に支払われる保険はすべて対象になります。

これら生命保険に付帯される「災害割増特約」「傷害特約」は、不慮の事故や感染症により死亡または高度障害になったとき、死亡保険金とは別に支払われるものですが、「地震、噴火、津波」による死亡については、保険金の減額もしくは支払いを行わない場合があると約款で定められています。しかし、東日本大震災では全額支払われました。

ところで災害時には、貴重品などを持って逃げる余裕もありませんし、家屋が倒壊したり流されたりすると、家財や持ち物がすべてなくなってしまうこともあります。そのような状況で保険金を請求する場合、本人あるいは受取人であることが確認できるもの（免許証や健康保険証等）などがあれば手続きは対応してもらえます。たとえ書類がなくても、保険会社が個人情報と照合しながら確認してくれるでしょう。

保険金の請求は、死亡保険の場合、その受取人が請求することになりますが、受取人も亡くなりどこの保険会社で加入していたかわからないケースがあります。

このようなケースに対応するため、どこの保険会社で加入していたか調べることができるよう、生命保険には、「災害地域生保契約紹介制度」が設けられ、地震保険については「地震保険契約会社紹介センター」が設置されています。

Q18 台風で被害にあったので保険を使った。翌年から保険料は上がるの?

A 上がりません

火災や自然災害で火災保険を使った場合でも、翌年や更新時に保険料が上がることはありません。ただし、風水害や地震などの自然災害が多発して保険会社の支払いが多くなると、更新時に保険料が値上がりしていることはあります。

Q19

保険金が支払われない場合は？

A

故意や重大な過失によって発生した損害など

建物や家財に損害が発生しても、次のような場合には保険金は支払われません。

①保険契約者・被保険者またはこれらの者の法定代理人の故意、重大な過失または法令違反によって発生した損害

②戦争・外国の武力行使、革命、政権奪取、内乱、武装反乱その他これらに類似の事変または暴動

③核燃料物質もしくは核燃料物質等によって汚染された物の放射性、爆発性その他の有害な特性またはこれらの特性による事故

④地震保険を契約していない場合、地震等（地震・噴火またはこれらによる津波）を原因とする火災・損壊・埋没・流失による損害や、火元の発生原因を問わず地震等

によって延焼・拡大した損害

⑤給排水設備の事故に伴う水ぬれ損害のうち、給排水設備自体に生じた損害

⑥保険の対象に欠陥がある、自然の消耗または劣化

⑦すり傷、かき傷、塗料のはがれ落ち、落書き等の単なる外観上の損傷や汚損

⑧雨、雪、ひょう、砂塵などの吹き込みや漏入による損害

⑨偶然な事故による破損等のうち次のもの

▼建物の増築・改築や修理・点検等の作業上の過失または技術の拙劣

▼電気的または機械的事故（特約により補償される場合があります）

▼保険の対象の置き忘れや紛失

▼差押え、収用、没収など公権力の行使により生じた損害

▼土地の沈下、移動または隆起による損害

Q20

お隣を燃やしてしまった場合はどうなるの？

A 重大な過失がないかぎり賠償義務はありません

自宅から出火してご近所を燃やしてしまっても（類焼）、民法709条の不法行為責任は適用されず、特別法の「失火ノ責任ニ関スル法律（失火責任法）」が優先され、故意や重大な過失がないかぎり賠償義務はありません。

なお、類焼先の建物や家財に与えた損害（消防活動による放水損害も含む）を補償する「類焼損害補償※」といったオプションが火災保険には用意されています。

このオプションは類焼先の損害を補償するものですが、類焼先の火災保険で損害が補えない場合にしか保険金が支払われませんので、補償内容をよく理解しておく必要があります。

また、出火原因に重大な過失があったときはこのオプションでは補償されません。さまざまな賠償に備えるには「個人賠償責任補償特約※」も検討する必要があります（日常生活に起因した重大な過失による火災事故であれば補償されます）。

※特約名やオプション名は保険会社により異なります。

Q21

階下に水を漏らしてしまった！ 火災保険で補償されるの？

A 補償されません

マンションでよく発生する事故ですが、「水ぬれ」を補償する火災保険に加入していても階下への漏水は補償されませんので、自費で修繕してあげなくてはなりません。

なお、階下への漏水損害など、他人へのさまざまな賠償に備える「個人賠償責任補償特約※」といったオプションが火災保険には用意されています。

このオプションは、住宅の所有、使用または管理に起因する偶然な事故や、日常生活に起因する偶然な事故で他人の身体に障害または他人の財物に損害を与え、法律上の賠償責任を負担することによる損害に対して保険金が支払われるものです。

分譲マンションや賃貸住宅の火災保険にセットする代表的なオプションですが、分譲マンションでは管理組合が加入している共用部分の火災保険にこのオプションがセットされている場合、居住者がこのオプションを利用できます。

また、個人で加入している自動車保険や傷害保険にオプションとしてセットされているケースもありますので、確認してみましょう。

※特約名やオプション名は保険会社により異なります。

Q22 雨漏りや欠陥も補償の対象？

A 対象にはなりません

雨漏りは、建物が本来備えている機能を有していない状態なので、屋根のずれや老朽化による雨漏り、屋根や壁面からの雨水のしみ込みによる損害、扉や窓の閉め忘れによる雨水の吹き込みによる損害、扉・窓・通気孔のすきまからの吹き込みによる損害は補償の対象になりません。

ただし、台風や強風で屋根が壊れた結果、雨水などの浸入で建物や家財に損害が生じたときは、風災・ひょう災・雪災で補償されます。

Q23

補償内容はどうやって選べばいいの？

A 住まいのリスクを整理して選びましょう

火災・落雷・破裂・爆発といった火災リスクを軸として、雪深い地域なら「風災・ひょう災・雪災」を選んだり、過去に何度か水漏れを経験し苦い思いをしていれば「水ぬれ」を選んだり、あまり防犯性が高くない建物なら「盗難」を選んだりと、建物が建っている地域の特性や周辺環境、建物の種類や構造、ライフスタイルなどから住まいのリスクを整理して補償を選ぶことが大切です。

また、補償内容を覚えていなかったため、保険金を請求することなく自費で直してしまう例も多く見受けられますので、補償される事故かどうか迷ったときは、代理店や保険会社に連絡してみましょう。

Q24 見落としがちな補償はなに？

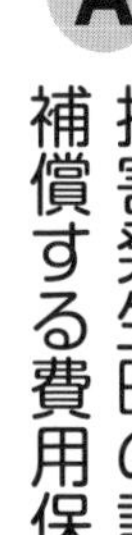

損害発生時の諸費用まで補償する費用保険金

一度大きな損害が発生すると建物や家財の損害だけでなく、さまざまな諸費用が発生します。そのような一時的に発生する諸費用を損害保険金とは別に補償するのが「費用保険金」です。

例えば、焼け跡にはたくさんの残存物があるためそれらを片付けたり清掃したりする費用、一時的に必要なホテル代やアパート代といった仮住まい費用など、損害発生時にはじつにたくさんの諸費用がかかります。

見落とされがちな補償ですが、万一の際にはとても役立つ大事な補償ですので、ぜひ覚えておきたいところです。

Q25 商品選びはどうしたらいい？

A 補償内容や条件を決めたうえで複数社に見積もり依頼

火災保険は、購入した建物の売主や売主関連会社、住宅ローンを利用して建物を購入するときは借入金融機関など、さまざまな業者から提案を受けることになります。しかし、それぞれの業者から提案された保険金額や保険期間、補償内容はずいぶん異なることから、かんたんに比較することができません。

よって、火災保険を検討するときは、まず建物や家財の保険金額、保険期間を決めたうえで、地震保険も含めた補償内容を同じ条件のもと見積もりを依頼する必要があります。火災保険は、同じような条件でも保険会社により保険料は異なり、細かい補償内容や特約に違いもありますから、なるべく複数の保険会社に見積もりを依頼し、補償内容と保険料を比較検討することが望ましいでしょう。

また、保険会社のホームページでは紹介されていない、「住宅ローン利用者限定」や「はじめて住まいを購入した方限定」といった割安な商品もありますから、代理店によく相談してください。

火災保険に関する相談では、「保険会社の信用力（破綻リスク）が気になる」という方がたくさんいらっしゃいますが、心配なときは保険会社の健全性の指標となるソルベンシーマージン比率※を確認してみるのもひとつの方法です。

なお、保険契約者が個人である火災保険は、損害保険契約者保護機構の補償対象契約となり、保険会社が破綻しても保険金・解約返戻金は80％まで補償される仕組みが整っています（破綻時から3カ月以内に生じた事故に対する保険金は100％補償）。

※「ソルベンシーマージン比率」とは、保険会社の支払い余力をみる数値（通常の予測を超える危険について）。目安とされる数値は200％で、この数字を下回ると金融庁から早期是正措置がとられますが、これまで破綻した保険会社はこのソルベンシーマージン比率（200％）を下回る前に破綻した会社もあるため、あくまでも指標程度にとどめておく必要があります。

Q26 定期的に見直しする必要はある？

A 見直しが必要です

火災保険は慌しい入居直前のタイミングで検討されていることから、補償内容をよく理解せぬまま不十分な火災保険で契約している方や、余計な補償まで契約している方がたくさんいらっしゃいます。本当は保険金が支払われる事故なのに自己負担で直してしまった、というケースも少なくありません。

また、かなり以前に長期契約された方のなかには、住宅ローンの借入額しか保険金額を設定していないケースや、好景気時の過大な保険金額が設定されたままになっているケースもめずらしくありません。

火災保険にセットする代表的なオプションでは、他人を怪我させたときや他人の物に損害を与えて法律上の賠償責任を負った場合に補償される個人賠償責任補償※といった補償があります。この補償が、すでに加入済みの損害保険にセットされていることを忘れてしまい、補償が重複しているケースも多く見受けられます。

さらに、時間が経過してしまうと十分な補償が受けられない「時価評価」で契約している場合や、建物にしか火災保険を掛けておらず、大切な家財には火災保険を掛けていなかったというケースも多いため、火災保険は定期的に見直す必要があります。

なお、住まいを購入したのち家族構成に変化が生じているときは、家財の保険金額を見直す必要があります。また建物を増改築した場合には、建物の保険金額も見直す必要があります（保険金額は契約期間中に増額したり減額したりすることが可能）。

家族が増えて家財道具が増えたにもかかわらずそのままにしておくと、万一の際に十分な補償が受けられないことや、家族が減って家財道具が減ったにもかかわらずそのままにしておくと、無駄な保険料を払い続けることになってしまうからです。

このように、火災保険契約時から時間が経過しているときは、補償内容がその時点で適切な内容になっているかどうか見直してみることが大切です。

※特約名やオプション名は保険会社により異なります。

Q27

賃貸住宅の火災保険はどうすればいいの？

A 家財にのみ火災保険を掛けることになります

賃貸住宅に住むときは家財にのみ火災保険を掛けることになります。賃貸住宅の家財の火災保険にも地震保険をセットで契約することができます（契約者の意思により加入しないことも可能）。

なお、入居者が火災を起こした場合は、大家さんに対して賠償責任を負うことになります。そのため、通常借家人賠償責任補償の特約がセットされています。

Q28 マンションは自分の部屋だけ火災保険を掛ければいい？

A そのとおりです

マンションの場合、あくまでも自分の部屋となる「専有部分」にのみ火災保険を掛けることになります。これは、エントランスやエレベーター、階段、廊下、集会室といったマンションの共用部分は、マンションの所有者で構成される管理組合が火災保険を掛けているからです。

なお、マンションの管理組合が負担する保険料は、マンションの所有者が毎月負担する管理費などから支払われています。

専有部分の範囲には、専有部分と共用部分の境目を構造体の壁の中心とする「壁芯基準」、構造体を除く室内側の壁の表面（上塗部分）を基準とする「上塗り基準」の

マンション標準管理規約

第２章 専有部分等の範囲

（専有部分の範囲）
第７条　対象物件のうち区分所有権の対象となる専有部分は、住戸番号を付した住戸とする。
２　前項の専有部分を他から区分する構造物の帰属については、次のとおりとする。
一　天井、床及び壁は、躯体部分を除く部分を専有部分とする。
二　玄関扉は、錠及び内部塗装部分を専有部分とする。
三　窓枠及び窓ガラスは、専有部分に含まれないものとする。
３　第１項又は前項の専有部分の専用に供される設備のうち共用部分内にある部分以外のものは、専有部分とする。

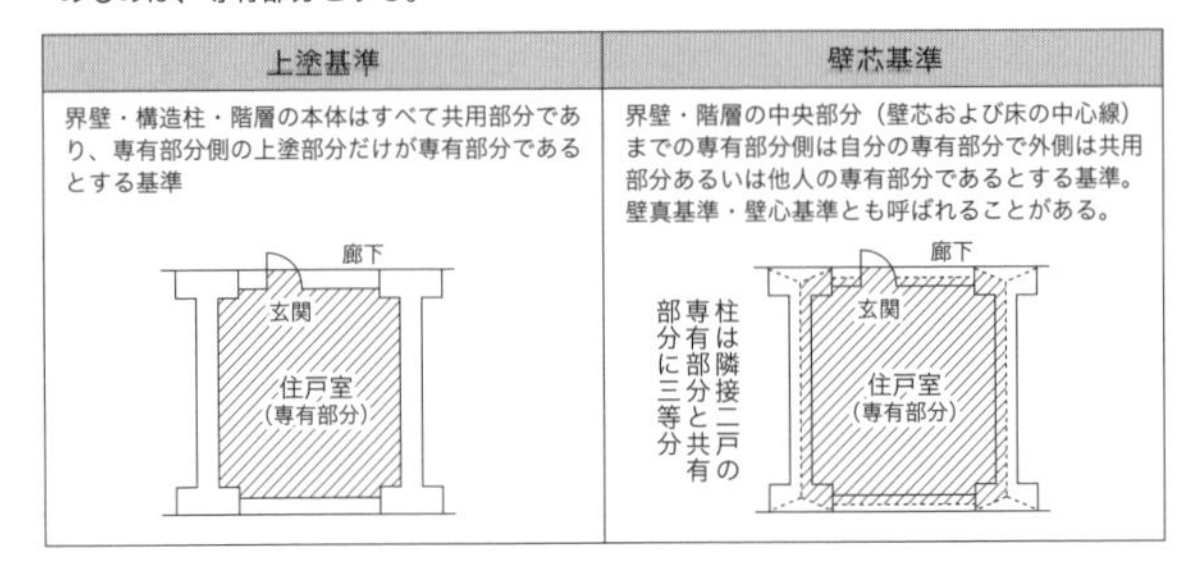

上塗基準	壁芯基準
界壁・構造柱・階層の本体はすべて共用部分であり、専有部分側の上塗部分だけが専有部分であるとする基準	界壁・階層の中央部分（壁芯および床の中心線）までの専有部分側は自分の専有部分で外側は共用部分あるいは他人の専有部分であるとする基準。壁真基準・壁心基準とも呼ばれることがある。

2種類がありますが、専有部分と共用部分の境目について「上塗基準」を採用して作成された国土交通省発行の「標準管理規約」に基づいてそれぞれのマンションの管理規約が作成されていることから、「上塗基準」を採用しているマンションがほとんどです。

この基準を誤ってしまうと、建物の評価額にずいぶん差がでてきますので注意が必要です。

② 地震保険について

Q29 火災保険だけだと地震のとき何ももらえないの？

A まったく補償されません

火災保険では、地震・噴火またはこれらによる津波を原因とする損壊・埋没・流失による建物や家財の損害はまったく補償されません。また、地震等により延焼・拡大した損害についても補償されませんので、地震に備えるためには地震保険が必要です。

なお、火災保険の特約のなかには地震保険とは関係なく、地震・噴火またはこれらによる津波を原因とする火災（火災限定）により一定規模以上の損害が生じたとき、「地震火災費用保険金」が支払われることがありますが、建物の火災保険金額の5％程度や１事故１敷地内につき３００万円が限度など、さまざまな条件があります。

Q30 地震保険だけ掛けられるの？火災保険とは違う保険会社に入れるの？

A 単独では掛けられず、別々には入れません

地震保険は、単独で契約することはできません。必ず主契約となる建物や家財の火災保険とセットで契約します。そのため、火災保険と地震保険を別々の保険会社で契約することはできません。地震保険は、居住用建物および家財を対象とした火災保険の契約時に原則自動付帯になりますが、契約者の意思により加入しないことも可能です。

なお、火災保険の主契約が建物と家財の場合、双方に地震保険を掛けることも、い

ずれか一方にのみ地震保険を掛けることもできます。

Q31 地震保険は どこの保険会社で加入しても同じって本当? 今からでも入れる?

A どこでも同じで、火災保険に加入していればいつからでも入れます

地震保険は、地震等による被災者の生活の安定に寄与することを目的とした「地震保険に関する法律（地震保険法）」に基づくもので、政府と保険会社が共同で運営している公益性の高い保険です。

そのため、地震保険の補償内容や保険料はどの会社も一律です。

火災保険の契約時に地震保険を契約しなかった場合でも、火災保険の保険期間の途中から地震保険を掛けられます。

ただし、大規模地震対策特別措置法に基づく警戒宣言が発令されたときは、そのときから「地震保険に関する法律」に定める一定期間、警戒宣言に関する地域（東海地震に係る地震防災対策強化地域）内に所在する居住用建物または家財については、地震保険の新規契約、中途付帯または保険金額の増額契約はできません。

保険期間は、主契約となる建物や家財の火災保険の保険期間とあわせる必要があります。ただし最長で5年です。

東日本大震災直後に地震保険の新規契約または中途付帯、保険の対象の追加、保険金額の増額を行う場合、地震による損害が建物や家財に発生していないことの確認や、地震による損害がすでに発生しているときは、その損害部分は保険金支払いの対象にならないことを条件として契約手続きが行われました。

Q32

地震で建物や家財に損害が…保険金はいくらぐらい支払われる？

A 地震保険の保険金額の「100%」か「60%」か「30%」か「5%」です

復旧費用全額を補償する火災保険と違い、地震保険は、損害を受けた建物や家財の損害の程度により、支払われる保険金が決まっています。

損害の程度は、次ページの表のように「全損」「大半損」「小半損」「一部損」の4段階です。地震で損害を受けても、「一部損」にも該当しない場合、保険金は支払われません。これは、大地震が発生した場合でも短期間に大量の損害調査を行い、迅速かつ公正に保険金を支払う必要があるためです。

地震保険の保険金額は、主契約となる建物や家財の火災保険金額の30～50%の範囲内で設定します。ただし建物は5000万円、家財は1000万円が限度です。

損害の状況と支払われる保険金

建物	建物の時価に対する基礎・柱・壁・屋根などの**損害額（時価）**	**50%** 以上	**40~50%** 未満	**20~40%** 未満	**3~20%** 未満
建物	建物の延べ床面積に対する焼失・流失した部分の**床面積**	**70%** 以上	**50~70%** 未満	**20~50%** 未満	左記の損害に至らない建物が**床上浸水**または地盤面から45cmを超える浸水
家財	家財全体の時価に対する**損害額（時価）**	**80%** 以上	**60~80%** 未満	**30~60%** 未満	**10~30%** 未満
支払われる**保険金**		**全損** 契約金額の **100%** （時価が最大）	**大半損** 契約金額の **60%** （時価の60%が最大）	**小半損** 契約金額の **30%** （時価の30%が最大）	**一部損** 契約金額の **5%** （時価の5%が最大）

注記　上記の損害認定基準は、保険期間が 2017（平成 29）年１月１日以降に始まる契約に適用されます。

これは、被災物件の完全復旧や建替ではなく、地震等による被災者の生活の安定に寄与することを目的としているからです。

巨大地震が発生した場合でも保険金の支払いに支障をきたさないよう、保険会社などが負う地震保険責任を政府が再保険することにより、地震保険の普及を図っています。

Q33

地震で家が傾いた！地盤の液状化による場合も保険金支払いの対象になる？

A 建物の傾斜や沈下の程度により支払いの対象になります

建物に大きな損害がなくても、地盤の液状化現象により（地震の振動により建物が傾いてしまった場合はＱ34を参照）建物自体が傾いたり沈下したりしたときは、保険金の支払い対象になる場合があります。

例えば、木造建物（在来軸組工法や枠組壁工法（2×4住宅等））と鉄骨造建物（共同住宅を除く）なら、傾斜が1度を超える場合や建物の沈下が30㎝を超えたとき全損と認定され、保険金額の１００％が支払われます。

Q34 地震により建物が傾いた場合の損害はどのように認定される？

建物の傾斜、沈下量に応じて認定します

地震の振動により（地盤の液状化は除く。１４５ページ参照）建物が傾いてしまった場合、建物全体の傾斜角や沈下量を調査します。

木造建物（在来軸組工法や枠組壁工法）では、基礎全体が沈下して傾いたとき、その傾斜が３度以上におよぶときは「全損」、マンション等の鉄筋コンクリート（ラーメン構造）の建物では、建物全体の沈下が１００㎝を超える場合または傾斜が約１・２度を超えたときは「全損」と認定されます。

傾斜や沈下に伴う損害が小さくても、主要構造部に損害が生じているときは、その主要構造部の損害割合と沈下または傾斜による損害割合とを合算して全体的な損害割合を求め、「全損」「大半損」「小半損」「一部損」、支払い対象外の認定が行われます。

Q35 当初一部損だったが、余震で被害が拡大。追加で保険金を支払ってもらえる？

A 追加で支払われる場合もあります

余震で被害が拡大したときは、あらためて被害状況を調査してもらうことになりますが、新たに判定された損害の程度が当初判定された損害の程度を超えた場合にはじめて保険金が追加で支払われます。

なお、72時間以内に生じた2つ以上の地震等は、これらの地震を一括して1回の地震とみなすことになっています。

Q36

地震で隣の家が倒れてきて、わが家に損害が…地震保険で補償されるの？

A 損害の程度により保険金が支払われます

建物を保険の対象とする地震保険は、在来軸組工法や枠組壁工法（2×4住宅など）の場合、軸組、基礎、屋根、外壁、内壁といった建物の主要構造部に地震による損害が生じていても、その損害額が建物の時価の３％以上となったときにはじめて保険金が支払われます。

また、建物の玄関扉やガラスといった特定の材料や製品そのものの損害や復旧費用を補償するわけではなく、建物全体の主要構造部の損害割合に応じて保険金が支払われます。

よって、隣の家が倒れてきて建物に損害を受けた場合、損害額が建物の時価の３％

以上であれば保険金が支払われます。

Q37

地震でパソコンが落ちて壊れた。保険金は支払われる?

A パソコンの損害だけでは地震保険の保険金は支払われません

家財を保険の対象とする地震保険は、地震により家財が損害を受けても、その損害額が家財の時価の10%以上となったときにはじめて保険金が支払われます。

また、パソコンやテレビといった特定の家財そのものの損害を補償するわけではなく、家財全体の損害割合に応じて保険金が支払われます。

Q38 家財の「全損」「大半損」「小半損」「一部損」はどのように認定されるの？

A 家財全体の損害割合で判断します

ある特定の家財が損害を受けただけでは、保険金が支払われない場合があります。家財の損害程度の認定は、個々の家財の損傷状況では判断されず、家財を大きく5つ（①食器類②電気器具類③家具類④身回品その他⑤寝具・衣類）に分類し、その中で一般的に所有されていると考えられる品目（代表品目）の損傷状況から、家財全体の損害割合を算出し、「全損」「大半損」「小半損」「一部損」、もしくは支払い対象外の認定を行います。

そのため、食器が1枚割れても10枚割れても損害割合は変わりませんが、分類ごとの代表品目に少しでも損害が生じていると損害割合が高くなります。

● 地震保険損害認定基準となる家財の５分類と代表品目 ●

分類	代表品目
食器類（２品目）	食器
	調理用具
電気器具類（10品目）	冷蔵庫
	炊飯器
	電子レンジ・オーブン
	テレビ
	録画再生機器
	オーディオ機器
	パソコン
	洗濯機
	掃除機
	冷暖房機器
家具類（10品目）	ダイニングセット
	食器戸棚
	ソファー
	机・椅子
	本棚
	ベッド
	タンス
	鏡台・ドレッサー
	花瓶
	仏壇・仏具
身回品その他（10品目）	靴
	鞄
	時計・腕時計
	アクセサリー
	メガネ・コンタクトレンズ
	電話・携帯電話
	カメラ・ビデオカメラ
	DVD・CD・レコード
	書籍・絵画
	スポーツ・レジャー用品
寝具・衣類（10品目）	ふとん・まくら・シーツ
	コート
	スーツ・礼服
	ジャンパー・ブルゾン
	ズボン・スカート
	Ｙシャツ・ブラウス
	ポロシャツ・Ｔシャツ・トレーナー
	和服・着物
	マフラー・ショール・ネクタイ・スカーフ
	ベルト・ハンカチ・靴下・手袋

＊2019年１月１日以降発生地震に使用

Q39 津波で家ごと流された場合の家財の損害認定は？

A 全損と認定されます

家財が外観上明らかな全損となる場合、全損として認定されます。

東日本大震災では、航空写真や衛星写真を用いて被災地域の状況を確認し、津波や火災により壊滅的な被災を受けた街区（市街の一区画、ブロック）を「全損地域」として認定し、当該地域に所在する地震保険契約はすべて「全損」認定することとなりました。

航空写真や衛星写真だけで「全損地域」と認定できない地域については個別に現地調査を行い、損害の程度を認定することになります。

Q40 地震でマンションに損害が出た場合、まずは誰がどうするの？

A 専有部分は区分所有者、共用部分は管理組合（管理会社）が保険会社や代理店に連絡します

専有部分となる部屋に損害が生じたときは区分所有者が、共用部分の柱や梁といった主要構造部に損害が生じたときは管理組合や管理会社が、保険会社や代理店に連絡します。

ただし、専有部分内からでしか確認できない柱や梁といった主要構造部も、原則共用部分に該当するため、そのような部位にひび割れやつぶれ等の損害が生じているときは、管理組合や管理会社に報告する必要があります。

Q41

マンションに被害が出た時、共用部分と専有部分の損害認定はどうするの？

原則、共用部分の損害の程度により認定します

共用部分が「一部損」と認定された場合、専有部分も「一部損」と認定されます。マンションでは、共用部分の損害と専有部分の損害は同じ判定が下されるわけです。ただし、専有部分の損害が共用部分の損害より大きい場合は、専有部分につき「全損」「大半損」「小半損」もしくは「一部損」の認定を行います。

専有部分の認定にあたっては、専有部分の主要構造部とは、便宜上、専有部分を構成する床、天井、内壁、間仕切壁等の部分に読み替えられます。

共用部分に地震保険が掛けられていないマンションでは、マンション一棟の損害認定は行われず、地震保険が掛けられている専有部分についてのみ個別に損害認定が行われます。

そのため、共用部分に「一部損」以上の損害が実際に生じていても専有部分に損害が発生していない場合、専有部分は支払い対象外と判定されてしまい保険金がまったく支払われない場合があります。

共用部分に地震保険が掛けられていないマンションでも、共用部分の損害の程度に応じた保険金が専有部分にも適用されますので、保険金の請求漏れに注意する必要があります。

Q42 行方不明の場合は死亡保険金を請求できる？

A 特別措置により短期間で請求できます

死亡が確認されず、いわゆる「行方不明」の場合、津波などの行方不明者は1年以上たたないと死亡が認められません。保険金の請求は死亡が認められなければ効力が生じないため、それまでは保険料を払い続ける必要があります。

しかし、東日本大震災では、ご家庭によっては1年間分の保険料支払いが困難になるケースもありました。保険会社は保険料の支払い免除期間を設けてはいるものの、それまでに死亡の確認がとれない家族は死亡認定される1年後まで保険金を請求できない状態であり、保険料の支払い免除期間を過ぎてもなお保険料を支払うことができなければ保険契約は失効してしまうことになります。

そこで政府は、遺族年金給付や相続に関する手続きについても迅速に進めることができるよう、行方不明者の遺族が死亡届けの手続きを簡素化できる特例措置を設けました（平成23年6月7日法務省発表）。

Q43 地震で車が損害をうけた。車両保険は使える？

A 残念ながら、使えません

車両保険の加入は任意で決めることができますが、車両保険に加入していても、残念ながら地震や噴火、津波での損害は補償の対象外になっています。

一部の保険会社では、特約を付けることにより地震や噴火、津波を補償の対象とすることができます。

Q44

過去の地震ではどのくらい保険金が支払われたの？

A　東日本大震災では1兆2833億円

東日本大震災では、令和1年3月31日現在の支払保険金が1兆2833億1300万円と過去最高となりました。

また、平成28年4月14日から発生した熊本地震では、令和1年3月31日現在の支払保険金が3859億円となっています。

地震保険の保険金支払い実績

地震保険支払額順

地震名等	発生日	支払保険金（単位：百万円）
1. 平成23年東北地方太平洋沖地震	2011年 3月11日	1,283,313
2. 平成28年熊本地震	2016年 4月14日	385,904
3. 大阪府北部を震源とする地震	2018年 6月18日	107,151
4. 平成7年兵庫県南部地震	1995年 1月17日	78,346
5. 平成30年北海道胆振東部地震	2018年 9月 6日	38,670
6. 宮城県沖を震源とする地震	2011年 4月 7日	32,402
7. 福岡県西方沖を震源とする地震	2005年 3月20日	16,973
8. 平成13年芸予地震	2001年 3月24日	16,942
9. 平成16年新潟県中越地震	2004年10月23日	14,897
10. 平成19年新潟県中越沖地震	2007年 7月16日	8,251

日本地震再保険株式会社調べ（令和1年3月31日現在）

Q45

保険料はいくらぐらい？割引はあるの？

A 保険金額のほか、建物の所在地や構造により異なり最大で50％引きになります

地震保険の保険料は、保険金額や建物の所在地（都道府県）、建物の構造によって決まります。

これは、損害保険料率算出機構が、政府の地震調査研究推進本部による「確率論的地震動予測地図」を使って算定したものです。

すべての保険会社がこの料率を利用して保険料を算出しており、建物も家財も同じ料率で計算されます。

地震保険の建物の構造区分と保険料

1年間の保険料（契約金額1000万円あたり）

都道府県＼構造区分	イ構造	ロ構造（注）
千葉、東京、神奈川、静岡	25,000円	38,900円
埼玉	17,800円	32,000円
徳島、高知	15,500円	36,500円
茨城	15,500円	32,000円
愛知、三重、和歌山	14,400円	24,700円
大阪	12,600円	22,400円
愛媛	12,000円	22,400円
宮城、山梨、香川、大分、宮崎、沖縄	10,700円	19,700円
福島	8,500円	17,000円
北海道、青森、新潟、岐阜、京都、兵庫、奈良	7,800円	13,500円
岩手、秋田、山形、栃木、群馬、富山、石川、福井、長野、滋賀、鳥取、島根、岡山、広島、山口、福岡、佐賀、長崎、熊本、鹿児島	7,100円	11,600円

（注）2010（平成22）年１月の改定時にそれまでイ構造であったものの一部がロ構造になったため、所定の条件により当該物件に対してロ構造の経過措置の基本料率を適用し、保険料が軽減されることがあります。

【保険料例】
東京　イ構造（マンション構造）
建築年割引（10％割引）適用
保険金額１０００万円
２万５０００円×０・９＝２万２５００円

なお、地震保険は公共性の高い保険のため、保険料には保険会社の利益は含まれず、取り扱い代理店の手数料も低くおさえられています。

また、建築年が昭和56年６月以降であることや建物の免震・耐震性能に応じた保険料の割引制度があります。

①免震建築物割引（割引率50％）、②耐震等級割引（割引率10～50％）、③耐震診断割

地震保険料控除

概要		所得税の取扱い	個人住民税の取扱い
	対象契約	地震保険	
	所得控除限度額	最高5万円	最高2万5千円
	控除対象保険料	払込地震保険料の全額	払込地震保険料の半額

引（割引率10％）、④建築年割引（割引率10％）が利用できます。

各種割引制度を利用するためには、建築確認書や建物登記簿謄本、住宅性能評価書といった確認資料を提出する必要があります（151ページ参照）。

平成19年1月には、地震災害による損失への備えに係わる国民の自助努力を支援するため、新たに地震保険料控除制度が新設されています。地震保険の払込保険料に応じて、一定の額がその年の契約者（保険料負担者）の課税所得から差し引かれ、税負担が軽減されます。

東北地方太平洋沖地震を踏まえた震源モデルが見直され、都道府県によっては、保険料料率の大幅な引き上げが必要な状況になったことにより、3段階に分けられた3回目の改定が、2021年1月1日以降始期の地震保険契約に適用されます。

Q46 地震保険の補償の金額を増やしたい場合、追加で他社に入れるの？

A 入れません

すでに契約している地震保険が、限度額となる主契約の火災保険金額の50％に達していないときや、主契約となる火災保険契約時に建物のみで地震保険を契約していたため、保険期間の途中から家財の地震保険を追加するようなときでも、必ず主契約の火災保険にセットして追加や増額をする必要があります。

地震保険の保険金額を増やしたいがために、主契約の建物や家財の保険金額を故意に高く設定しているケースがたまに見受けられます。

こういったケースでは、建物が火事で全焼しても満額の保険金が支払われない場合や不適切な契約となる可能性もあることから、絶対におすすめできません。

Q47 保険金が支払われないのはどんなケース？

建物・家財が損害を受けても、損害の程度が一部損に至らない場合ほか

保険契約者や被保険者等の故意もしくは重大な過失または法令違反のほか、次のような場合、保険金は支払われません。

▼建物・家財が地震等により損害を受けても、地震等が発生した日の翌日から起算して10日を経過した後に生じた損害や、保険の対象の紛失・盗難の場合。

▼戦争・外国の武力行使、革命、政権奪取、内乱、武装反乱その他これらに類似の事変または暴動、核燃料物質もしくは核燃料物質等によって汚染された物の放射性、爆発性その他の有害な特性またはこれらの特性により発生した損害。

Q48 地震で損害が…地震保険には入っているけど、どんな手続きをしたらいいの？

A まずは保険会社や代理店に連絡します

地震が原因で建物や家財に損害が発生したときは、なるべく早めに保険会社や代理店に連絡するのと同時に、損害個所や状況をメモしたり写真を撮っておいたりするのが理想的です。

連絡を受けた保険会社の損害調査員もしくは損害保険鑑定人が調査にきたら、損害発生時の状況や損害個所および状況を正確に知らせます。

大規模地震により広範囲に被害が生じたときは、調査に時間がかかる場合もありますが、損害が小さいときは現地調査を行うことなく、契約者からの書面（申告書）と損害状況の写真のみで損害判定を行う場合もあります。

調査が終わると、後日、保険会社から、「全損」「大半損」「小半損」「一部損」もしくは支払対象外（無責）の連絡が入ります。

保険会社から損害の認定の連絡と保険金請求書が送られてきたら、所定の事項を記入して保険会社に返送します。

保険会社に保険金支払いに必要な書類が到着したら、書類に不備がない限り支払い手続きに入ります。

なお、損害の認定が「全損」となり保険金が支払われた場合、契約は損害発生時に終了します（全損以外の認定による保険金の支払いの場合には、保険金の支払いが何回あっても保険金額は減額されずに契約は満期日まで有効です）。

また、地震により保険の対象が全部滅失した場合、主契約となる火災保険は失効しますので、火災保険の解約手続きも合わせて行うことになります。

Q49 保険証券が見つからないけど、保険金の請求は可能？

可能です

保険金の請求を行うためには、本来保険証券が必要となります。しかし、震災により保険証券が見つからないときや紛失してしまった場合などでも、本人確認さえできれば保険金請求は可能ですので、保険会社に連絡してください。

保険証券が見当たらず、どこの保険会社で加入していたか、もしくは地震保険そのものに加入していたかどうかも確認できないといった場合もあるでしょう。そのようなときは、本人や親族などが、一般社団法人日本損害保険協会の「契約照会センター」で確認することができます（被災者に限る。電話番号：０１２０‐５０１３３１）。なお、これらの確認ができるのは民間の損害保険会社の契約のみです。共済の場合は各共済に問い合わせることになります。

生命保険においても、どこの会社で加入していたか調べることができるよう、一般社団法人生命保険協会が「災害地域生保契約照会センター」（電話番号：0120-001731）を設置しています。

Q50 地震で契約者が死亡した場合、地震保険の請求はできる？

A 相続人が請求できます

保険金の請求は、本来契約者（＝ほとんどの場合は建物所有者）が行いますが、契約者が死亡してしまった場合、誰がその契約を相続するか決定し、契約者を変更する必要があります。契約者の変更手続きが終了すれば、その人から直接請求することができますが、相続人代表という形で請求できる場合もあります。手続きについては保険会社に問い合わせましょう。

また、契約者が請求できない事情がある場合は、配偶者や3親等以内の親族が請求できる場合もあります。保険会社も支払い義務が発生しているものについては、迅速に支払う取り組みを行っていますので、まずは保険会社に事情を説明し相談してみるといいでしょう。

Q51 一部損と言われたけど、もっと損害は大きいと思う。どこに言ったらいいの？

A まずは保険会社に連絡して、再調査を依頼しましょう

保険会社から派遣された損害調査員や損害保険鑑定人による調査や判定に疑問を感

じたときは、保険会社に再調査を依頼してみましょう。

また、調査した際のポイントや判定の根拠を確認し、それでも円満な解決に至らない場合は、「そんぽＡＤＲセンター（損害保険紛争解決サポートセンター）※」に苦情の申し出を行ないます。

苦情の申し出を行なったにもかかわらず、保険会社との間で苦情が解決しなかったときは、「そんぽＡＤＲセンター」に対して紛争解決手続の申立てをすることができます。

※法律に基づく指定紛争解決機関（裁判外紛争処理機関）。紛争解決委員には弁護士など中立公正な第三者が選任されます。

Q52

地震で一時にたくさんの被害が出ても、保険会社はすぐに対応してくれるの？

A なるべく迅速に対応できる体制を整えます

大地震が発生すると、各保険会社は震災対策室や臨時事故受付センター等を配置し数百人体制で対応を行います。

これは、建物や家財の損害を補償する地震保険の保険金支払いだけでなく、建物が全部滅失した場合の火災保険失効に伴う解約返戻金の支払いなど、さまざまな種類の手続きに対応する必要があるからです。

そのため、大震災時には保険会社一社での対応が難しくなることから、保険会社の事業者団体となる「一般社団法人日本損害保険協会」が全面的に支援することになります。

激甚災害に指定された東日本大震災では、一般社団法人日本損害保険協会本部に中央統括機関の「地震保険中央対策本部」を、現地に「現地地震保険対策本部」を設置し、地震保険の早期支払いに向けたさまざまな対応を行いました。

震災直後は計画停電や燃料不足から、対応には困難を呈しましたが、徐々に落ち着きを取り戻し保険金の早期の支払いに尽力しました。

Q53 東京で大地震が発生して保険会社が被害にあった場合支払いは遅れる？

A 原則30日以内に保険金が支払われます

東京で大地震が起きると大きな混乱が予想されますが、地震保険では保険金の請求書やその他必要書類を提出した日から原則30日以内に保険金が支払われることになっています（保険金請求権の時効は３年）。

ただし、警察、検察、消防その他公の機関による捜査・調査結果の照会や専門機関による鑑定等の結果の照会、災害救助法が適用された災害の被災地域における確認・調査が不可欠な場合などは、保険金請求日から３６５日を越えた後でないと保険金が支払われない場合があります。

東日本大震災では、一般社団法人日本損害保険協会内に「大規模地震災害中央対策本部」を設置して相談窓口の体制を強化しました。

航空写真・衛星写真を用いた効率的な「全損地域」の認定や契約者の自己申告に基づく損害調査の導入、提出書類の省略による保険金請求手続きの簡素化など、損保業界としてのさまざまな取り組みが行われました。

Q54 大震災が起きて、地震保険の支払いが多額になっても保険会社はつぶれない？

A かんたんにはつぶれません

地震保険は大災害が発生しても保険金の支払いが確実に行われるよう、政府が再保険を引き受けています。

地震保険金総支払額のうち、まず871億円までは保険会社が負担します。各保険会社の分担割合は、各保険会社の地震保険の元受保険料や総資産などにより決められており、各保険会社が共同で出資している日本地震再保険会社への再保険や再々保険を通して分担されます。

871億円を越え、1537億円までの損害は保険会社と政府が50％ずつ分担します。

政府と民間の地震再保険のしくみ

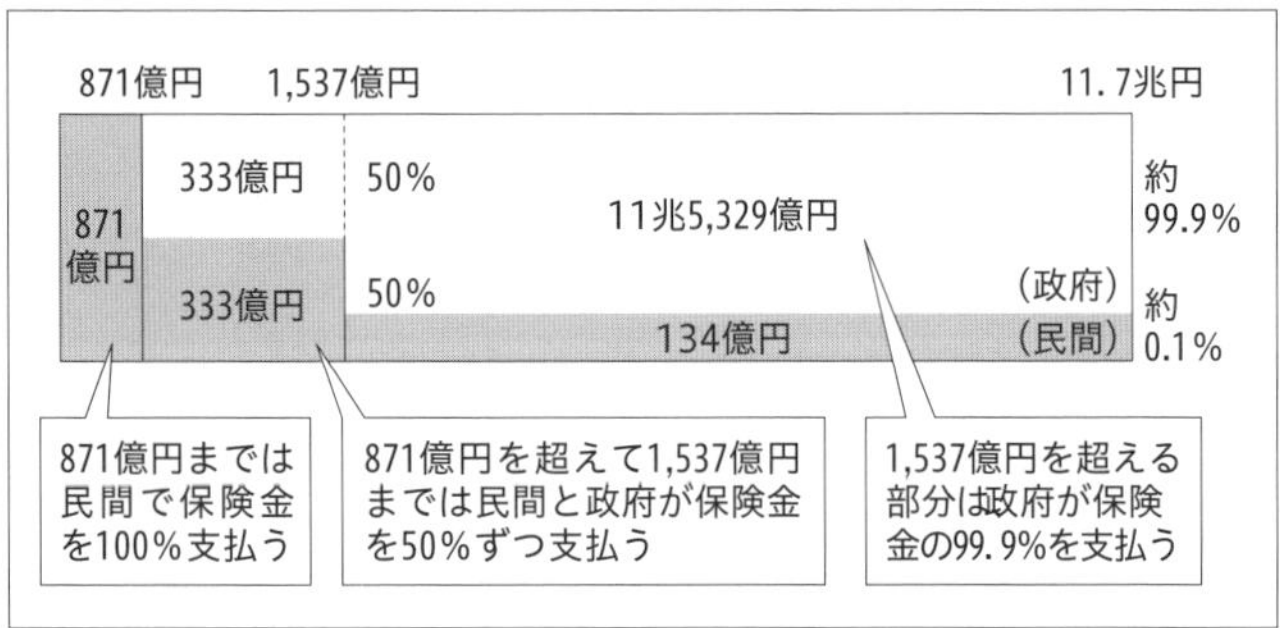

この部分の各保険会社の負担分は333億円＋871億円となり合計の負担額は1204億円になります。

更に1537億円を超え地震保険の総支払い限度額となる11兆7000億円※までの99・9％の11兆5392億円を政府が、0・1％の134億円を保険会社が負担します。この結果、最大支払い限度額11兆7000億円のうち、各保険会社の負担額は1338億円となります。

この原資は、日本地震再保険会社を通して積み立てている準備金などを充当するので、巨大地震で保険会社の基盤が大きく揺らぐようなことはないといわれています。

※保険会社と政府が地震による保険金の支払いを確保する

支払われる保険金 ＝

$$\text{算出された保険金の額} \times \frac{\text{11兆7,000億円}}{\text{算出された保険金の総額}}$$

ため、1回の地震等による保険金総支払限度額とこれに対する保険会社と政府の負担割合および負担額が地震保険法の施行令および施行規則に定められています。

この保険金総支払限度額は、関東大震災クラスの大震災が発生しても保険金の支払いに支障がないよう適時見直されていますが、算出された1回の地震等による保険金総支払額が11兆7000億円を超える場合、支払われる保険金は算出された保険金総額に対する11兆7000億円の割合によって削減されることがあります。

Q55 保険会社が破綻した場合はどうなるの？

A 経営破たんしても100％補償されます

次ページの表のとおり、損害保険契約者保護機構の補償の対象となります。

火災保険は、破たん後3か月間は保険金が全額支払われ、3か月経過後は80％支払われます。

地震保険は保険金・解約返戻金ともに全額補償されます。

損害保険契約者保護機構の補償対象

（損害保険契約者保護機構のパンフレットより）

<table>
<tr><th></th><th></th><th>保険金支払い</th><th>解約返戻金・
満期返戻金等</th></tr>
<tr><td rowspan="4">損害保険（下記以外）</td><td>自賠責保険、家計地震保険</td><td colspan="2">補償割合100%</td></tr>
<tr><td>自動車保険</td><td rowspan="4">破たん後３ヶ月間は保険金を全額支払い（補償割合100%）
３ヶ月経過後補償割合80%</td><td rowspan="4">補償割合80%</td></tr>
<tr><td>★火災保険</td></tr>
<tr><td>★その他の損害保険
賠償責任保険、動産総合保険、海上保険、運送保険、信用保険、労働者災害補償責任保険 など</td></tr>
<tr><td rowspan="3">疾病・傷害に関する保険</td><td>短期傷害、特定海旅</td></tr>
<tr><td>年金払型積立傷害保険
財産形成貯蓄傷害保険
確定拠出年金傷害保険</td><td rowspan="2">※補償割合90%</td><td>※補償割合90%</td></tr>
<tr><td>その他の疾病・傷害保険
上記以外の傷害保険、所得補償保険、医療・介護（費用）保険など</td><td>※補償割合90%
積立型保険の場合、積立部分は80%</td></tr>
</table>

★印の保険は、契約者が個人・小規模法人・マンション管理組合の契約に限る
※「高予定利率契約」に該当する場合は、補償割合が90%から追加で引き下げられる。

【第2章】

いちばんわかりやすい火災・地震保険の基本

　地震保険は単独で契約することができません。

　主契約となる火災保険とセットで契約する必要があります。

　この章では、まず基本となる火災保険の補償内容から賢く契約するための方法をご紹介しながら、地震保険について絶対に知っておきたいポイントや共済の火災・地震に対する保障などについても取りあげます。

1 まずは、火災保険を賢く契約！

●火災保険とは

日本には「失火ノ責任ニ関スル法律（失火責任法）」という法律があり、他人からのもらい火で家が焼けても、出火元に重大な過失がない限り、賠償請求はできません。そのため、他人からのもらい火で家が焼けたとしても、自分の火災保険で補うことになります。

火災保険とは、自分で自分の身を守る保険であると同時に、他人から受けた損害に対しても自分を守る、大切な保険なのです。

火災保険は、火災をはじめとする住まいのさまざまな事故による損害を補償します。

しかし、地震・噴火またはこれらによる津波（地震等といいます）を原因とする火災、損壊、埋没、流失や火元の発生原因を問わず地震等によって延焼・拡大したことによる火災は補償の対象になりません。そのため、地震保険があるのです。

地震保険に入るためには、主契約となる火災保険への加入が前提となりますので、火災保険について理解し、賢く契約するようにしましょう。

●保険の対象は「建物」と「家財」

火災保険は「建物」にのみ保険を掛けるイメージが強いですが、「家財」にも保険を掛けることができます。契約するときは「建物」と「家財」をひとつの契約にしたり、「建物」と「家財」を分けて契約することもできます。

「建物」を保険の対象とするときは、建物本体だけでなく、門や塀もしくは物置、車庫その他付属物も自動的に含まれます。

「家財」は、テレビや冷蔵庫といった家電製品から、リビングセットや洋服ダンスといった家具類、衣類など、建物内に収容される生活用品全般になります。なお、１

個または1組の価額が30万円を超える貴金属、宝石、美術品は、「明記物件」として、申込書に明記しないと補償されない場合があります。保険会社によっては、申込書へ明記する必要がなく高額貴金属類は100万円を限度として補償する会社もあります。また通貨や有価証券、車庫に保管されている自動車は補償の対象にはなりません。通貨・預貯金証書の盗難は一部補償されます。

不十分な火災保険となる典型的なパターンが、建物にしか保険を掛けていないケースです。

万一、建物が全焼してしまうと、建物内に収容されていた家財も全部買い揃えなくてはなりません。また、家財も地震保険の対象にしたいときは、主契約となる家財の火災保険にセットしなければなりません。火災保険は建物だけでなく家財も忘れずに掛けておきたいところです。

2 火事だけじゃない！ 火災保険は「住まいの保険」

●火災保険の補償内容は広い

火災保険といってもその原因が「火災」に限定されているわけではありません。「火災」に加え、「落雷」による損害や「破裂・爆発」により生じた損害も補償します。

これらに加え、自然災害の「風災・ひょう災・雪災」や大雨や河川の氾濫などによる「水災」も補償の対象にすることができます。また、日常生活リスクについても「盗難」だけでなく、給排水設備が壊れた際の「水ぬれ」、「物体の落下・飛来・衝突」、「騒じょう等（暴力・破壊行為）」、突発的な事故による「破損・汚損」といったように、住まいで発生するさまざまな損害を補償の対象とすることができるのです。

火災保険で補償されるさまざまな損害

	補償内容	どんな時に保険金が支払われる？
火災リスク	火災・落雷・破裂・爆発	火災、落雷、破裂・爆発などにより、建物や家財が損害を受けた場合
自然災害リスク	風災・ひょう災・雪災	風災、ひょう災、雪災などにより、建物や家財が損害を受けた場合
	水災	台風や豪雨などで洪水・高潮・土砂崩れが起こり、建物や家財が損害を受けた場合
日常生活リスク	水ぬれ	給排水設備の事故、他の部屋で起きた事故によって生じた水もれなどで建物や家財が損害を受けた場合
	物体の落下・飛来・衝突	石が飛んできてガラスが割れた、車が塀に衝突して当て逃げされたなど、外部からの飛来や衝突で損害を受けた場合
	騒じょう・集団行動などによる破壊	デモや労働争議などの集団行動により建物や家財が損害を受けた場合
	盗難・盗難による破損・汚損	強盗や窃盗により建物や家財が損傷・汚損した、家財が盗まれた場合。家財では現金なども一定の金額の範囲内で補償される
	偶然な事故による破損・汚損	偶然な事故や不注意などにより、建物や家財が損害を受けた場合

このように火災保険は火災リスクだけでなく、自然災害リスクや日常生活リスクなど、住まいに関わるさまざまなリスクを対象にすることから、最近は「住まいの保険」と呼ばれています。

■火災・落雷・破裂・爆発

火災保険でもっとも基本的なものです。「落雷」は雷で家が火事になったときだけでなく、落雷の影響による過電流でパソコン（家財）が故障したときも補償されます（家財を保険の対象としていたとき）。「破裂・爆発」は、ガス爆発などで建物や家財が損害を受けた場合に補償されます。

なお、出火原因に多い「放火」や「失火」、「もらい火」も、もちろん補償されます。最近は、火災・落雷・破裂・爆発による建物への保険金支払い件数はさほど多くないものの、落雷による家電製品（パソコンなど）の被害が増えているようです。

■風災・ひょう災・雪災

台風が多く雪も降る日本では、比較的リスクの高い災害です。一部の保険会社を除き基本補償に含まれます。

台風で屋根が飛ばされた（建物）、ひょうで屋根瓦が割れた（建物）、大雪で屋根とともに建物内の家財が壊れた（建物・家財）など、これら自然災害による補償も準備しています。

■**水災**

河川も多く都市型水害が増えている現代では、やはりリスクの高い災害です。

水災は大雨や河川の氾濫による床上浸水などの損害を補償するものですが、土砂崩れも水災で補償されます。集中豪雨で家が水浸しになった（建物）、床上浸水で家電製品が使えなくなった（家財）、土砂崩れで家が流された（建物）場合などに補償されます。ほとんどの保険会社で、水災を対象外とするプランを選択できるようになっています。

■**水ぬれ**

給排水設備に発生した事故などによる、水ぬれ損害を補償します。給排水管が壊れて室内や家財が水浸しになった（建物・家財）、上階からの水漏れで天井や床の張り替えが必要になった（建物）場合などが該当します。特にマンションで多く見られる損害です。

なお、お風呂や洗面台の水が溢れて階下に水を漏らしてしまったなど、不注意で他人に損害を与えたときは、個人賠償責任補償特約※をセットすることで補償されます。

※特約名やオプション名は保険会社により異なります。

■物体の落下・飛来・衝突

車両の飛込みなどによる損害を補償します。看板が落ちて屋根が壊れた（建物）、石が飛んできてガラスが割れた（建物）などです。台風や強風で物が飛んできてガラスが割れたり壁に穴が開いたりしたときは、風災で補償されることになります。

■騒じょう・集団行動などによる破壊

集団行動に伴う暴力破壊行為による損害を補償します。デモや労働争議で家を壊された（建物）場合などです。

■盗難・盗難による破損・汚損

盗難により建物に発生した損傷、汚損、家財の盗難による損害を補償します。

盗難は、一戸建てもマンションも保険金支払い件数がとても多いのです。警察庁の平成30年の「刑法犯に関する統計資料（住宅を発生場所とする侵入窃盗の手口・住宅形態別認知件数）」によると、住宅発生認知件数は3万6663件、うち一戸建て72・79％、共同住宅4階以上7・07％、3階以下20・12％となっていて、一戸建てと低層階の共同住宅での被害が多く見られます。泥棒にガラスを割られた（建物）、空き巣に入られ家財が盗まれた（家財）ときなどに補償します。

現金が盗まれたときは、1回の事故による限度額が決められている場合がほとんどで、その範囲内でのみ保険金が支払われます。

■偶然な事故による破損・汚損

誤って自宅の壁に穴を開けてしまったときや、誤って家財を壊してしまったときの損害を補償するものです。外壁にいたずら書きされた（建物）、室内で遊んでいた子供が窓ガラスを割った（建物）、家具を移動しようとしたらドアを壊してしまった（建物）ときなど、偶然や不注意により発生した損害を補償します。

これらの補償は、ほとんどの保険会社で任意で選択できるようになっています。

■建物電気的・機械的事故（補償）特約

給湯設備や空調設備、エレベーターや床暖房など、建物に付属した機械設備が動かなくなってしまったときの仮修理費用や壊れてしまった場合の損害を補償します。

建物に付属する機械設備が多い投資用マンションやアパートのオーナーにとっては魅力的な補償ですが、あらかじめ免責金額が設定されているときや、設置後10年以内といった条件があります。

このように、火災保険はさまざまな損害を補償しますので、「選んだ補償内容を忘れてしまい請求しなかった」という例も多く見られます。火災保険で補償される損害かどうか迷ったときは、まず保険会社や代理店に連絡してみましょう。

●損害に伴う思わぬ出費は「費用保険金」でフォロー

一度大きな損害が発生すると、建物や家財の損害だけでなく、さまざまな諸費用が発生します。その諸費用を損害保険金とは別に補償するのが「費用保険金」です。「費用保険金」は、火災保険の基本補償にセットされていたり特約により追加したりと、保険会社により異なります。どのような費用がどのような事故で補償されるか理解して、各種補償とあわせ検討しましょう。

■臨時費用保険金

火災保険から損害保険金が支払われるとき、損害保険金とは別に支払われる保険金で、特に使い道が限定されているわけではありません。

保険金は、保険会社により異なりますが、損害保険金×10～30％程度の範囲内で限度額は100～300万円程度です。

この保険金は、あらかじめ金額や限度額が決められていたり、限度額を選べたり、保険金の補償対象外としたり、この保険金が支払われる事故を限定したりすることができます。

なお、臨時費用保険は、通貨預貯金の盗難の場合は補償の対象外とするなど、保険会社により異なります。

■残存物取片付け費用保険金

火災保険から損害保険金が支払われるときに、損害を受けた建物や家財の残存物取片付けに必要な費用に対して支払われる保険金です。

建物や家財が燃えてしまうと、焼け跡には大量の焼け屑や残存物が残ってしまうため、それらの片付けにはたくさんの費用が掛かります。

保険金は、保険会社により限度額が異なりますが、実費が支払われます。

■失火見舞費用保険金

火災や破裂、爆発により第三者の所有物を壊したり傷つけたりしたときに、その見舞金費用として支払われる保険金です。

ただし、物理的な損害が対象で、煙損害や臭気の付着損害は除かれます。

保険金は、保険会社により異なりますが、被災世帯×20～50万円程度の範囲内で、1回の事故につき保険金額の20％程度が限度額です。

■修理付帯費用保険金

水漏れ事故の原因や、損害の範囲を確定するための調査費用や、仮修理費用などに対して支払われる保険金です。

保険金は、保険会社により異なりますが、保険会社の承認を得て実際に支出した費用、1回の事故につき損害保険金に相当する額や契約金額の10％、または、100万円程度が限度になっています。

なお、新築住宅購入後一定期間内に給排水設備などに発生した事故や事故による損害は、売買契約に基づいたアフターサービス規準により、売主や施工会社が無償で対応してくれる場合があります。

■**特別費用保険金**

保険金額の80％を超える保険金が支払われ保険契約が終了するときや、全損の場合など、建替を視野に入れたり、再取得しなくてはならないほど大きな損害が生じた際に支払われる保険金です。

保険金は、保険会社により異なりますが、損害保険金の10％相当額で２００万円程度が限度額となっています。

■**水道管修理費用（保険金）**

建物の専用水道管が凍結によって損害を受けたとき、修理に必要な費用に対して支払われる保険金です。

保険金は、保険会社により異なりますが、１回の事故あたり10万円程度が限度額となっています。

■**損害（拡大）防止費用保険金**

火災、落雷、破裂・爆発といった事故が起きたとき、延焼拡大防止の消火活動に支出した必要または有益な費用（消火薬剤のつめかえ費用など）に対して支払われる保険金です。

保険金は、保険会社により異なりますが、実費（実際に支出した費用）が支払われる場合がほとんどです。

■地震火災費用保険金

火災保険では、地震・噴火またはこれらによる津波を原因とする火災は補償対象外ですが、少しでも地震に対する損害を補償する目的で用意されているのが、地震火災費用保険金です。ただし、保険金が支払われる事故はあくまで地震による「火災」が原因で、建物が半焼（損害額が保険金額の20％以上となった場合）以上となったときや家財が全焼（損害額が保険金額の80％以上となった場合）となったときに保険金が支払われます。

保険金は、保険会社により異なりますが、契約金額の５％相当額、１回の事故につき３００万円程度が限度額です。

3 保険料はこうして決まる

●評価額いっぱいで保険金額を設定しよう

保険金額が低ければ低いほど保険料は安く済みますが、万一の際、十分な補償が受けられるよう保険金額は適切に設定することが重要です。

ただし、火災保険の保険金額は、必ずしも好きな金額で設定できるわけではありません。保険金額は保険の対象となる「建物」や「家財」の評価額を基準に決めることになるからです。

例えば、再建築費や再取得費用が2000万円あれば十分なはずの建物に、4000万円といった過大な評価を行うことはできません。反対に500万円と過小な評価を行うこともできません。

そこで、適切な評価額を算出することになりますが、評価額には、「再調達価額（新価（額））」と「時価」の２通りの種類があります。

①再調達価額（新価（額））

保険の対象である建物や家財を、修理や再築・再取得するために必要な額を基準にした評価額です。損害保険金だけで十分な復旧が可能です。

②時価

再調達価額から、年月の経過や使用による消耗分（減価分）を差し引いた額を基準にした評価額（損害が生じた時点における価額）です。

よって、火災保険の契約は「再調達価額」で適切な評価を行い、万一の際に十分な補償が受けられるよう、評価額いっぱいで保険金額を設定することが大切です。なお、現在の火災保険はほとんど再調達価額で評価するようになっています。

■建物の評価方法

新築建物で建築費がわかるときは、その建築費がそのまま評価額となりますが、それ以外の場合は、建築時の価格に物価変動などを加味して計算する「年次別指数法」や、建物の構造から推定される建築費単価に面積を乗じて算出する「新築費単価法（概観法）」などにより評価します。

①新築で建物の建築費がわかるとき

▼評価額＝建物の建築費

【例】注文住宅の一戸建てを2500万円で建築した場合

評価額＝2500万円

②中古住宅で建築費がわかっているとき

経過年数に応じた物価変動指数（建築費の倍率）をかけて算出します。倍率は保険会社や建物の構造によって異なります。

▼評価額＝建築時の建築費用×経過年数に応じた物価変動指数

【例】平成2年に木造注文住宅を2000万円で建築した場合

評価額＝2000万円×倍率0・98＝1960万円

※保険会社により倍率は異なります。

③新築中古に限らず建築費が分からない場合

保険会社が定めた1㎡あたりの単価を使った「新築費単価法（概観法）」で計算します。

▼評価額＝保険会社が基準とする1㎡あたりの単価×延床面積

【例】70㎡のマンションを購入した場合

評価額＝15万円（1㎡あたりの単価）×70㎡＝1050万円

※1㎡あたりの単価は地域や建物の構造、保険会社によって異なります。

マンションの売買代金には土地代やエントランス、共用廊下といった共用部分の一部の代金も含まれることから、火災保険の対象となる部屋（専有部分）の建築費はわ

かりません。そのため、この「新築費単価法（概観法）」で計算することになります。マンションは売買代金全額を評価額に設定する必要がないことを覚えておきましょう。

マンションと同様、評価額を誤りやすいのが、土地と建物がセットになった「建売住宅」です。

土地には消費税が掛からないため、建売住宅の売買契約書に記載された建物金額や消費税の逆算から建物金額が推測できます。ただし、建売住宅は、購入者や売主の消費税負担を軽くするため、実際の土地代金と建物金額の内訳を調整して建物金額が安く設定されているときがあります。このようなケースでは、建物金額や消費税の逆算から安易に評価額を算出してしまうと、実際の評価額を大幅に下回ってしまう可能性があるのです。

建物金額が低すぎる可能性があるときは、実際の建物金額を売主や施工会社にヒアリングしてみましょう。

【例】新築建売住宅の売買代金5000万円（うち消費税80万円）の場合
評価額＝建物金額＝80万円÷0・1＝800万円（低すぎる可能性がある）

■家財の評価方法

家財の評価は、世帯主の年齢と家族構成による評価や戸建か賃貸かの建物の形態と占有面積による評価など保険会社が提供する「簡易評価」と、自分で所有している家財の合計金額を計算する方法があります。

簡易評価はあくまで参考データですから、安易に利用することなく実態と合っているかどうか検証することが大切です。

例えば、35歳で夫婦と子供2人の4人家族の場合、実際の「家財」が700万円分しかないのに簡易評価を利用し1190万円の保険金額を設定してしまうと、事故が起こらなかったときは490万円分の保険料を無駄払いすることになってしまいます。反対に、実際は1000万円分の「家財」があるのに、700万円分の保険金額しか設定しないと、万一の際の補償が300万円分不足してしまうことになるのです。

「家財」の評価額および保険金額は簡易評価を鵜呑みにせず、実態に合わせて設定することがポイントです。家財道具一式を購入した際の金額で計算し保険金額を設定しましょう。

なお、貴金属、宝石、美術品等で1個または1組の価額が30万円（時価）を超える

簡易評価の例

（単位：万円）

家族構成／世帯主の年齢	夫婦のみ	夫婦＋子供1人	夫婦＋子供2人	夫婦＋子供3人	独身・単身
25歳前後(含む未満)	530	610	690	770	290
30歳前後	720	810	890	970	
35歳前後	1,030	1,110	1,190	1,270	
40歳前後	1,250	1,340	1,420	1,500	
45歳前後	1,430	1,510	1,590	1,670	
50歳前後(含む以上)	1,510	1,590	1,670	1,750	

もの、稿本、設計書、図案、証書、帳簿その他これらに類する物は、申込書に明記しないと保険の対象にすることができない場合があります。保険会社によっては申込書に明記せずに100万円まで補償し補償額を500万円、1000万円に増額できる保険会社もあります。ただし、盗難の場合は、上限が100万円など、支払われる保険金額が制限されている場合があります。

家財に設定する保険金額は、実際に所有する家財道具を確認し、計算する必要があります。一つひとつ確認するには少し手間がかかるものの、保険金額を安易に設定するわけにはいきません。同時に家財の地震保険にも加入したい場合、火災保険金額の30～50％の範囲内でセットすることになっているためです。どちらもいい加減になってしまわないよう、適切な設定を心がけましょう。

●建物の構造で保険料は決まる

火災保険の保険料は、その建物の建っている場所や構造で決まりますが、保険料の大きな割合を占めるのが建物の構造です。

燃えにくい構造の建物ほど火災に強いため保険料率は低めに、燃えやすい構造の建物は火災に弱いため保険料率が高めに設定されています。

その構造の違いを規定した「構造級別」は、２０１０年1月に大きな変更が行われました。以前は柱、はり、床、外壁等の材質・仕様により、建物の構造区分が決められていましたが、複雑であったため誤った判定が頻繁に行われてきたことから、主に柱の材質で判定できるよう簡素化されました。住宅物件については現在3種類の構造級別になっています。

M構造（マンション構造）は、主に鉄筋コンクリート造のマンションや耐火建築物の共同住宅、T構造（耐火構造）は共同住宅以外でコンクリート造・鉄骨造の建物、もしくは共同住宅以外で建築基準法上の「準耐火建築物」、住宅金融支援機構がその

保険料
安い ⟷ 高い

構造級別	M構造（マンション構造）	T構造（耐火構造）	H構造（非耐火構造）
建物の例	・コンクリート造の共同住宅 ・耐火建築物の共同住宅など	・コンクリート造の一戸建て ・鉄骨造の一戸建て ・耐火建築物の一戸建て ・準耐火建築物の一戸建て ・省令準耐火建物等	一般的な木造住宅やM構造、T構造のどちらにも該当しない建物

基準を定めた「省令準耐火構造」の建物、H構造（非耐火構造）は一般的な木造住宅や「M構造」および「T構造」にも該当しない建物のことをいいます。

なおH構造のなかには、2010年1月1日以降の構造規定の改定により、旧構造規定でB構造であった建物のうち、新規構造規定においてはH構造と判定される建物があります（主に木造住宅で外壁がALC版（軽量気泡コンクリート）の建物）。

これらの建物の契約は、継続前までのB構造料率による保険料から大幅に値上がりすることになり、この値上がり率を緩和する措置が講じられることになりました。この緩和措置を適用した建物のことをK構造（経過措置構造）とし、K構造の料率を適用します。

保険料は、「M構造」がもっとも安く「H構造」

は高くなり、「M構造」と「H構造」では4倍近くの違いがでてきます。

■構造判定で注意が必要な建物

構造を判定する際、特に注意が必要な建物は、2×4（ツーバイフォー）住宅と一部の木造住宅です。

①2×4住宅の中で、住宅金融支援機構の枠組壁工法住宅共通仕様書にある「省令準耐火構造の住宅の仕様」に適合する建物

②木質系プレハブ住宅などの建物で、事前に住宅金融支援機構の承認を得た建物

③木造軸組工法の建物で住宅金融支援機構の承認を得た「木造軸組工法による省令準耐火構造の住宅特記仕様書（社団法人日本木造住宅産業協会仕様）」に適合する建物

④建築基準法により、階数および延床面積によって耐火建築物、または準耐火建築物としなければならない建物（次ページの図を参照）

これらの建物は、主要構造材が木質系でも耐火性が高いことから、低い保険料率が適用される「T構造」の建物に該当します。ところが、このような建物を一般的な木造住宅として判定すると、保険料率が高い「H構造」になってしまうのです。

防火地域・準防火地域内の制限

防火地域内の制限

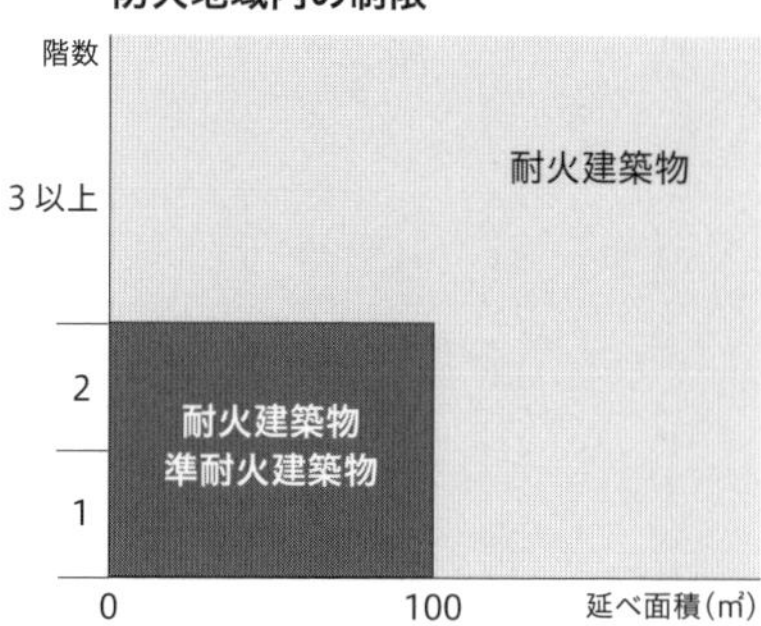

準防火地域内の制限

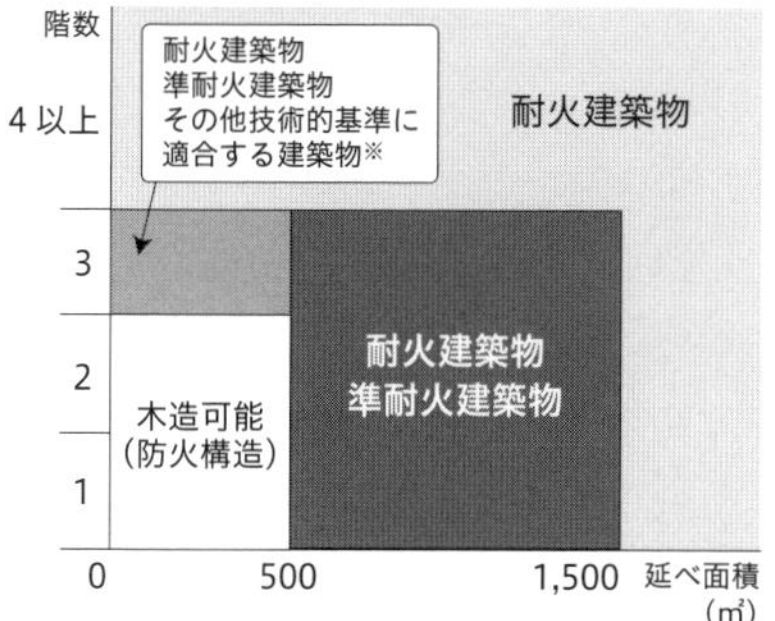

※「その他技術的基準に適合する建築物」とは、防火上必要な技術基準（令136条の2）に適合する建物をいい、防火上、「耐火建築物」や「準耐火建築物」に劣る建物といえます。

火災保険の相談でも、構造を誤った見積書をよく目にします。木造住宅だからといった理由ですぐに「H構造」と判断せず、その建物を建築した建設会社に確認したり、建物の専門家に相談したりしながら慎重に構造を判断しましょう。

【保険料例】
保険会社：セゾン自動車火災保険
商品名：「じぶんで選べる火災保険」（令和2年7月21日現在）
建物保険金額：1500万円　所在：東京　保険期間：5年
補償内容：火災・落雷・破裂・爆発
新築年月日：令和2年7月
構造：T構造（耐火構造）9150円　H構造（非耐火構造）1万9200円

●長期契約で保険料は割安になる

火災保険は1年ごとに更新する方法や最長10年の長期契約も可能です。当初支払う保険料に無理がなければ、少しでも長く契約することで保険料を節約することができます。2～10年の好きな期間で設定できる長期一括払いの保険料は、年間保険料に長期係数を乗じて計算します。

例えば、保険期間10年の場合の長期係数は8・50です。つまり、8・5年分の保険料で10年間の保険に加入できるようになっています。

【保険料例】

保険会社：楽天損害保険株式会社

商品名：「家庭総合保険（ホームアシスト）」（令和2年8月21日現在）

建物保険金額：1250万円

構造：M構造（マンション） 所在地：東京、新築 水災区分：A

補償内容：火災・落雷・破裂・爆発、風災・ひょう災・雪災、水災、建物外部からの物体の落下・飛来・衝突・倒壊、給排水設備の事故または他人の戸室で生じた事故による水漏れ、騒じょう、労働争議に伴う暴力行為、盗難、不測かつ突発的な事故（破損・汚損等）、災害時諸費用（支払限度額300万円）、地震火災費用、水

道管修理費用、緊急時仮住い費用、錠前交換費用、全損の場合の特別費用、損害防止費用
免責金額（自己負担額）：風災・ひょう災・雪災3万円、不測かつ突発的な事故（破損・汚損等）３万円
保険期間５年：２万４６３０円
保険期間10年：４万７７５０円
（→保険期間5年の約１・94倍の保険料で済む）
※条件により楽天ポイント付与及び楽天ポイント利用可。

なお、保険期間最長の10年で当初契約したものの、何らかの事情で自宅を売却しなければならないときは、保険期間の途中で解約すると、支払った保険料のうち未経過分の保険料が解約返戻金として戻ってきます。

それでは、解約した際の解約返戻金はいくらぐらい戻ってくるのでしょうか。

長期係数表

保険期間	係数
2年	1.85
3年	2.70
4年	3.55
5年	4.40
6年	5.20
7年	6.05
8年	6.85
9年	7.65
10年	8.50

※保険会社や契約年度により異なる場合があります。

未経過料率係数表

保険期間	10年契約									
経過年数／経過月数	0年	1年	2年	3年	4年	5年	6年	7年	8年	9年
1か月まで	97%	88%	78%	69%	59%	49%	39%	29%	19%	9%
2か月まで	96	87	77	68	58	48	38	28	18	8
3か月まで	95	86	77	67	57	47	37	28	18	8
4か月まで	94	86	76	66	56	47	37	27	17	7
5か月まで	93	85	75	65	56	46	36	26	16	6
6か月まで	92	84	74	65	55	45	35	25	15	5
7か月まで	92	83	73	64	54	44	34	24	14	4
8か月まで	91	82	73	63	53	43	33	23	13	3
9か月まで	90	82	72	62	52	42	33	23	13	3
10か月まで	90	81	71	61	51	42	32	22	12	2
11か月まで	89	80	70	60	51	41	31	21	11	1
12か月まで	89	79	69	60	50	40	30	20	10	0

※保険会社や契約年度により異なる場合があります。
※保険始期が令和元年10月１日以降の契約に使用します。経過月数につき１か月未満の端日数は、１か月として計算します。

【例】年間保険料1万円の火災保険を10年間で契約し、5年後に解約した場合
長期一括払いの保険料1万円×8・20＝8万2000円
未経過料率50％（未経過料率係数表の4年12カ月のところ）
解約返戻金は8万2000円×50％＝4万1000円
負担した保険料8万2000円－4万1000円＝4万1000円
解約返戻金は、支払った保険料に、経過期間に対する未経過料率係数表の割合を乗じたもの。

保険期間最長の10年で契約し、2分の1となる50％経過した5年後に解約すると、実際の残存期間2分の1となる50％に対し返戻率も50％と損することはないのです。
自宅の売却や転居だけでなく、長期で契約している火災保険を見直す際も、これまで加入していた火災保険を解約すると未経過分の解約返戻金が支払われます。より条件の良い火災保険があれば積極的に見直しを行いましょう。

●必要な補償は自分で選べる?

従来の火災保険は、火災リスクや自然災害リスク、日常生活リスクなど、住まいにかかわるリスクがすべてセットになった商品が主流でした。しかし、建物の構造や階数、立地条件によってリスクの大小に差があります。

例えば、「マンションの高層階だから水災の補償は必要ない」、「小さな子供がいないから、不注意による破損や汚損の補償は必要ない」、「セキュリティが整っているから盗難の補償は必要ない」など、それぞれの事情により必要な補償は異なります。

現在の火災保険はそのようなニーズに応え、保険会社によっては「火災・落雷・破裂・爆発」「風災・ひょう災・雪災」を基本契約とし、その他の補償は必要に応じて任意で選択できる商品もあります。なかには「火災・落雷・破裂・爆発」のみ加入できる商品もあるくらいです。

選べるようになった補償内容

<table>
<tr><th></th><th>補償内容</th><th colspan="2">ポイント</th></tr>
<tr><td>火災
リスク</td><td>火災・落雷・
破裂・爆発</td><td>①</td><td rowspan="8">①もしくは①＋②は基本補償として契約するようになっていて、③〜⑤は保険会社によって組み合わせや選択できる範囲が異なっている。
選択できる保険会社では、概ね③と⑤は独立していて、④の内容はセットになっているところが多い。
中には④から盗難をはずせる保険会社や、④を細分化して選択できる保険会社もある。</td></tr>
<tr><td rowspan="2">自然
災害
リスク</td><td>風災・ひょう災
・雪災</td><td>②</td></tr>
<tr><td>水災</td><td>③</td></tr>
<tr><td rowspan="5">日常
生活
リスク</td><td>水ぬれ</td><td rowspan="4">④</td></tr>
<tr><td>物体の落下・
飛来・衝突</td></tr>
<tr><td>騒じょう・集団
行動などによる
破壊</td></tr>
<tr><td>盗難・盗難によ
る破損・汚損</td></tr>
<tr><td>偶然な事故によ
る破損・汚損</td><td>⑤</td></tr>
</table>

4 火災保険ここがポイント

●使い物にならなくなったら全焼扱い

火事で家が焼けてしまったとき、「柱が1本でも残っていると全焼にならないので、火災保険金が支払われない」と勘違いされている方がたくさんいらっしゃいます。火災保険の相談でもよくある質問です。火事で家がほとんど焼けてしまったときは、保険金額を上限として修理や再築、再取得のために必要となる実際の損害額が保険金※として支払われるため、柱が1本残っていても住めない状態になったら全損（全焼）扱いになります。

※自己負担額や免責金額がある場合はそれを差し引いた金額

保険会社によっては、「保険の対象である建物の焼失・流失または損壊した部分の床面積が、保険の対象である建物の延床面積の80％以上である損害」や「建物の損害の額が再取得価額（保険金額）の80％以上になった場合」のことを全損（全焼・全壊）と定義していて、該当するときは保険金額の全額が支払われます。

保険金が全額支払われるケース
①全焼した場合
②修理、最築、再取得のための金額が保険金額を上回った場合
③延べ面積の80％以上が焼失または流失した場合
④損害額が再取得額（保険金額）の80％以上になった場合

なお、損害保険金の支払いが1回の事故で保険金額の80％を超えたとき、保険契約は終了するのが一般的です。80％を超えないかぎり保険金の支払いが何回あっても、保険金額が減額されたり保険料を追徴されたりすることなく、契約は満期日まで続きます。

●保険ですべてはカバーできない

損害が発生したときは、故意あるいは重大な過失、戦争・内乱などの事変や暴動によるもの以外、原則保険金が支払われます。しかし、保険金の支払いには条件があったり、自己負担額（免責金額）が設定されていたりする場合もあります。

例えば「水災」で保険金が支払われるのは、「再調達価額の30％以上の損害が発生した場合」や「床上浸水もしくは地盤面より45㎝を超える浸水による場合」に限られている場合がほとんどです。

「風災・ひょう災・雪災」による損害では、損害の額が20万円以上の場合にのみ保険金が支払われる「20万円フランチャイズ」といった条件があるときや、自己負担額が設定（0～10万円程度）されていることがあるため、保険金は実際に修復に必要な金額から自己負担額を差し引いて支払われます。

また、「破損・汚損等」では、建物・家財それぞれに1万円の自己負担額が設定されていたり、家財が保険の対象の場合、支払われる保険金が1個または1組ごとに30

万円が限度となっていたりします。

なお、自己負担額は、あらかじめ決められているものや任意で選択するものなど、保険会社や商品によって異なります。

どのような損害に対して保険金が支払われ、どのような損害時にいくらぐらいの自己負担額が設定されているか理解したうえで、必要な補償を検討しましょう。

●賃貸住まいの人の火災保険

賃貸住宅を借りるとき契約する火災保険の対象は、あくまでも家財のみです。

これは、一般的に火災保険は建物の所有者が加入しますので、通常は賃貸住宅の大家さんが火災保険に加入しているからです。

賃借人による失火で借りた建物に損害が発生した場合、失火責任法により民法709条の過失責任はありませんが、賃貸住宅を借りたときは、大家さんに対し賃貸住宅をしっかり管理しなければならない義務（善管注意義務）や賃貸借契約に基づいて賃貸住宅を原状に回復して返還しなければならない義務（原状回復義務）があるため、最終的には損害を賠償しなくてはなりません。

また、大家さんが建物に火災保険を掛けていれば、保険金が支払われることになりますが、この場合でも賃貸住宅を借りている人に故意や重大な過失があったときは、保険金を支払った保険会社から賠償請求される恐れもあるのです

そこで、賃貸住宅を借りているときの賠償責任を補償する「借家人賠償責任補償※」といったオプションを、家財の火災保険にセットすることが一般的です。

なお、「借家人賠償責任補償※」は大家さんに対する補償ですので、洗濯機のホースがはずれて階下に水を漏らしてしまった場合などに備える「個人賠償責任補償特約※」も合わせて検討したいところです。

※特約名やオプション名は保険会社により異なります。

●「水災」や「風災」の補償は、ハザードマップを確認して慎重に検討する

ここ数年、頻繁に発生している大雨や集中豪雨による浸水や水害、土砂崩れなどは「水災」で補償することになります。この「水災」は、保険料に占める割合が大きいため、浸水リスクが低い高台の一戸建てや、マンションの高層階では補償の対象外（不担保）にすることで大幅に保険料を節約することができます。

「風災」も、保険料に占める割合が比較的大きいものです。台風や雪の心配があまりない地域や、台風や風に強い建物なら被害も少ないと判断し、「風災」を補償の対象外にするとやはり保険料が下がります。

ただし、「水災」も「風災」もただ保険料が安くなるといった理由だけで安易に補償の対象外にするのは禁物です。「水災」は、大雨や河川が氾濫した際に想定される浸水の深さを地図で表した「洪水ハザードマップ」や「浸水予想区域図」、過去の水害記録となる「浸水履歴図」、高潮による氾濫を想定した「高潮浸水想定区域図」といった資料を参考にしたり、土砂災害警戒区域※に該当していないか土砂災害ハザード

マップで確認したりしながら慎重に検討しましょう。「風災」についても、その土地の立地条件や建物構造、屋根形状、築年数など、さまざまな条件を十分加味したうえで補償の対象外にするかどうか検討しましょう。

※建築物に損壊が生じ住民等の生命又は身体に著しい危害が生じるおそれがある地域

【保険料例】

保険会社：ソニー損害保険株式会社
商品名：「新ネット火災保険」（令和2年8月8日現在）
建物保険金額：2500万円　構造：H構造（木造）　所在：東京　保険期間：10年
補償内容：「火災・落雷・破裂・爆発」、「風災・ひょう災・雪災」、「水災」、「物体の落下・飛来・衝突・騒じょう等」・「盗難」、「水ぬれ」、「諸費用（残存物片づけ費用、地震火災費用、水道管修理費用）、損害防止費用」
免責金額（自己負担額）：なし
保険料：28万6321円
「風災・ひょう災・雪災」補償対象外の場合：19万6120円

「水災」補償対象外の場合：17万653円
「風災・ひょう災・雪災」と「水災」補償対象外の場合：8万452円

洪水ハザードマップ

「洪水ハザードマップ 中原区版」川崎市ホームページより

※不動産の取引時において、水害ハザードマップにおける対象物件の所在地の説明が義務化されました（施行日：令和2年8月28日）。
具体的な説明方法等はつぎのとおりです。
・水防法に基づき作成された水害（洪水・雨水出水・高潮）ハザードマップを提示し、対象物件の概ねの位置を示すこと
・市町村が配布する印刷物又は市町村のホームページに掲載されているものを印刷したものであって、入手可能な最新のものを使うこと
・ハザードマップ上に記載された避難所について、併せてその位置を示すことが望ましいこと
・対象物件が浸水想定区域に該当しないことをもって、水害リスクがないと相手方が誤認することのないよう配慮すること

浸水深の目安

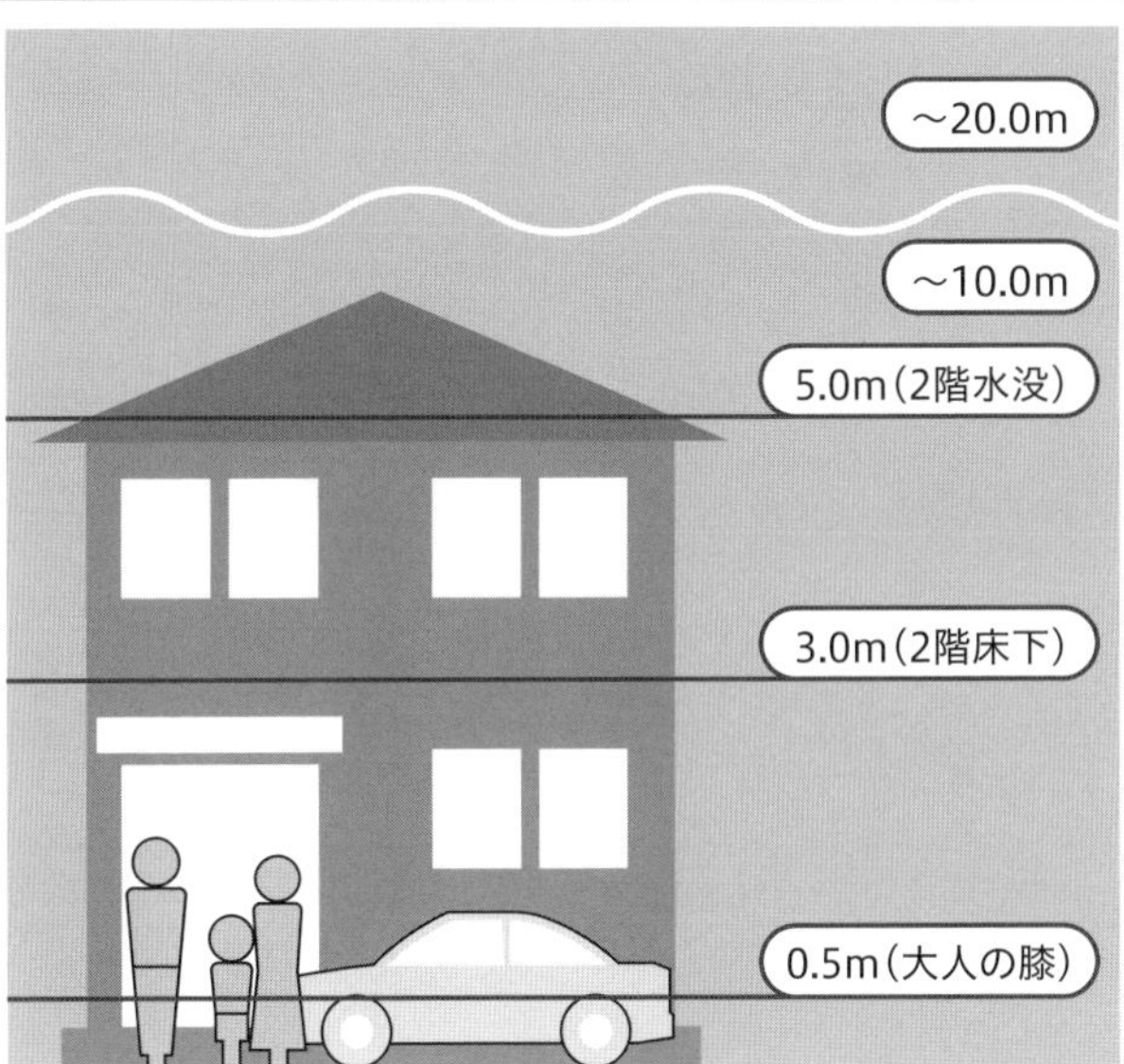

※ハザードマップ連動型の地域別料金導入の動き

これまで水災リスクの保険料率は建物の所在地にかかわらず全国一律でしたが、国土交通省のハザードマップに基づいて、保険契約者の住まいの水災リスクを可視化し、外水リスク（河川等からの氾濫リスク）と内水リスク（マンホールからの雨水溢れ等による道路冠水や排水処理能力の超過によるリスク）からリスク区分を5段階で判定し、水災リスクに応じた保険料を設定する商品が発売されています。

土砂災害ハザードマップ

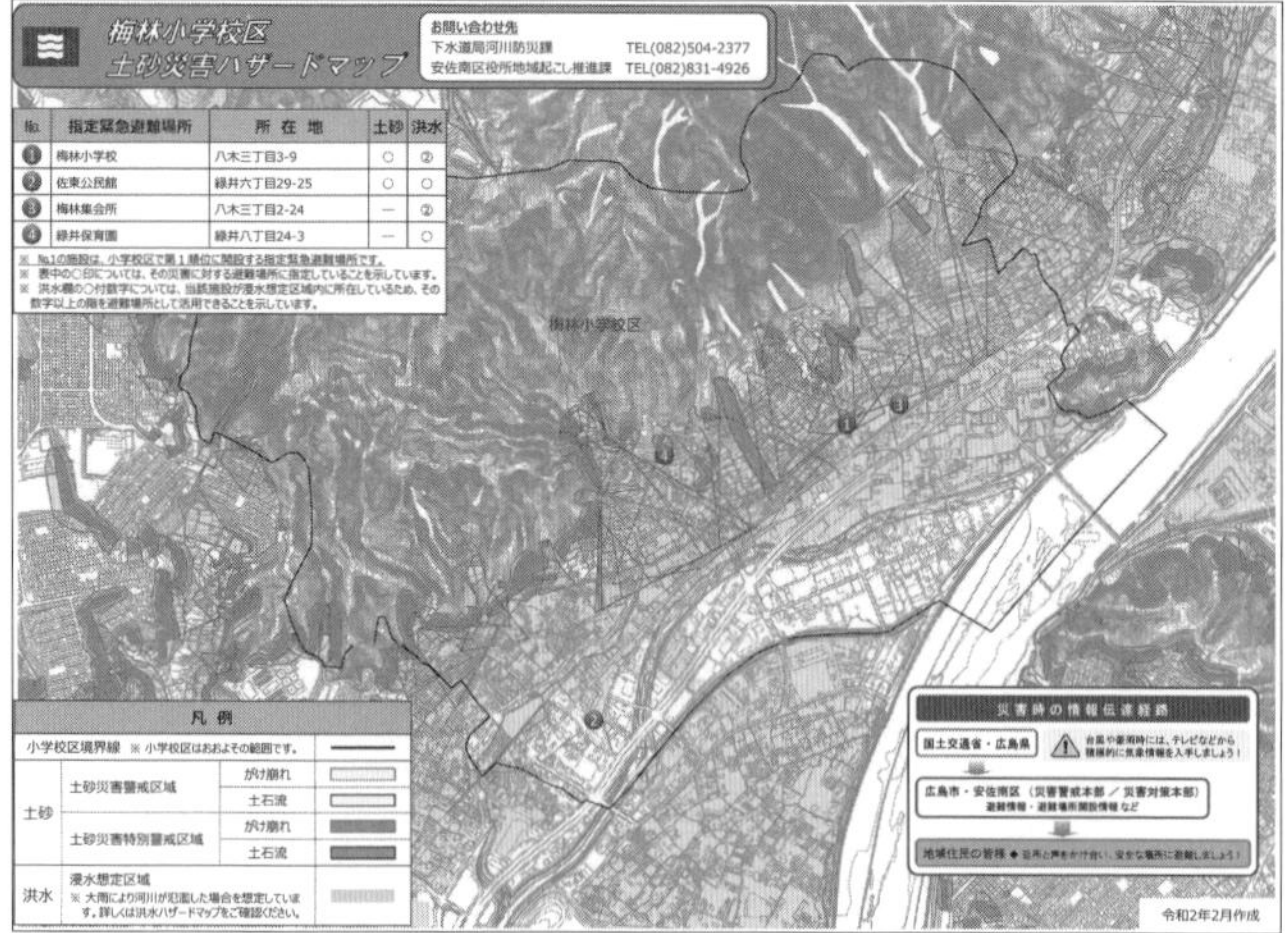

「広島市土砂災害ハザードマップ 安佐南区（梅林小学校区）」広島市ホームページより

高潮浸水想定区域図

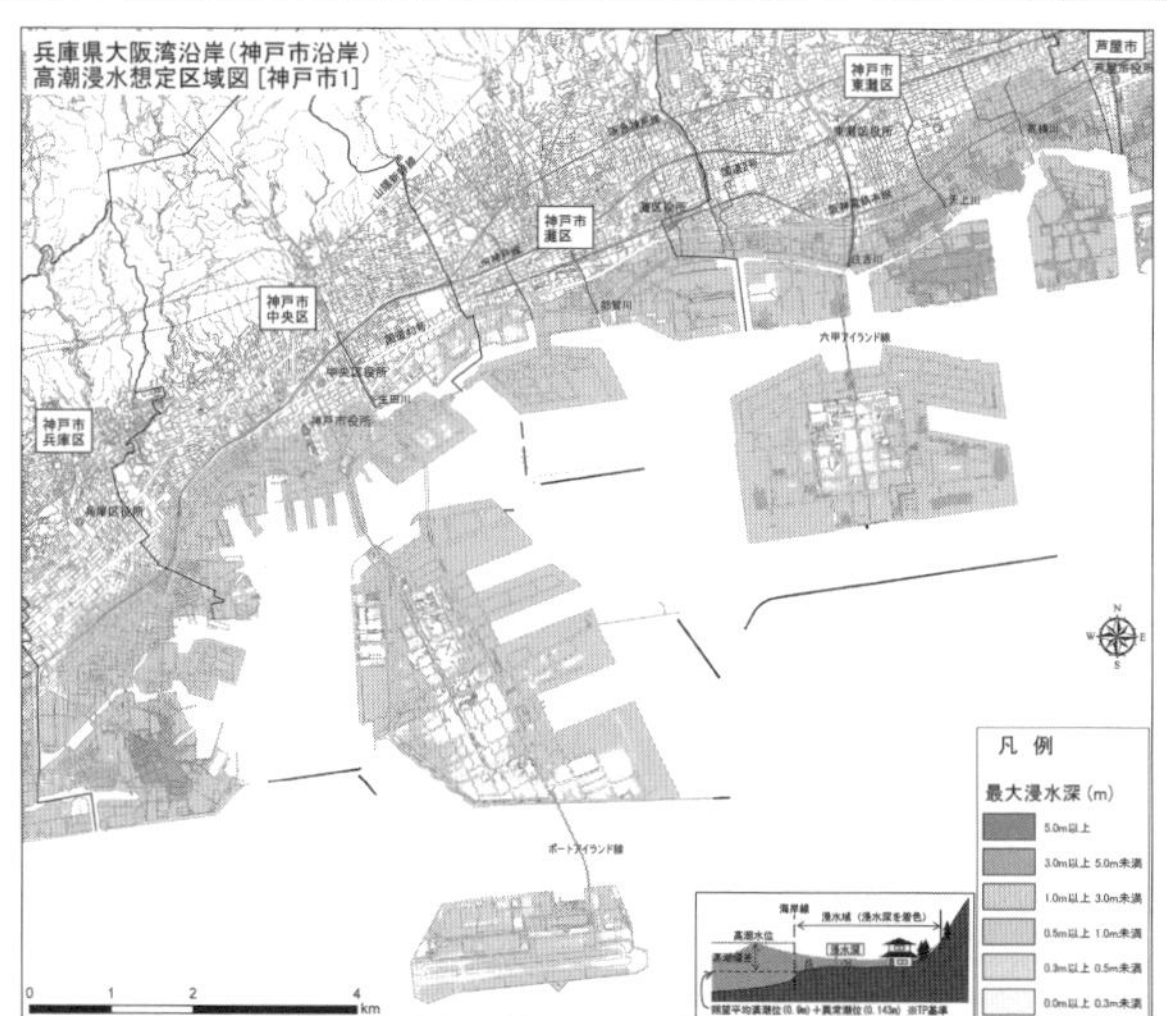

「兵庫県大阪湾沿岸（神戸市沿岸）高潮浸水想定区域図［神戸市1］」兵庫県ホームページより

5 地震保険とは

●地震保険は一種の社会保障制度

地震リスクは、損害が巨大になる可能性や発生時期、頻度の予測が非常に困難であること、そして広域災害に発展する可能性もあることから、民間保険会社だけで補償することは大変難しく負担も大きすぎます。

そのため、「地震保険に関する法律」に基づき政府と損害保険会社が共同で運営する地震保険で補償することになっています。

地震保険は「家計地震保険」とも呼ばれ、居住用の建物や家財が保険の対象になっており、それ以外のものを補償の対象とすることはできません。政府の後ろ盾の元に行われている一種の社会保障制度なのです。地震保険の保険料は一律で、保険会社が利益を得ることなく、将来発生するかもしれない地震に備え積み立てられています。

●地震保険は火災保険の半分まで

地震保険の保険金額は主契約となる火災保険の保険金額の30～50％の範囲内です。ただし、限度額は建物が５０００万円、家財が１０００万円までとなっています。例えば、火災保険金額が建物１５００万円、家財６００万円の場合、地震保険金額は建物４５０～７５０万円、家財１８０～３００万円になります。

地震保険は原則、火災保険に自動付帯となりますが、建物と家財の双方をセットしたり、建物にのみ、あるいは家財にのみセットしたりすることもできます。

●損害認定基準をちゃんと理解しよう

地震保険は、損害を受けた建物や家財の損害の程度により、支払われる保険金が決まっています。損害の程度は「全損」「大半損」「小半損」「一部損」の4段階です。

その認定は、「地震保険損害認定基準」に基づき建物と家財を別々に認定します（56ページの表を参照）。

なお、地震保険の損害認定は、地震被災後の建築物の判定を行う「被災建築物応急危険度判定」、「被災度区分判定」、「り災証明」とはリンクしていません。認定方法も内容も異なりますので、それらとは別に損害認定を受ける必要があります。

ここでは、「地震保険損害認定基準」に基づき、建物と家財の損害認定について紹介します。

木造建物（在来軸組工法）の構造

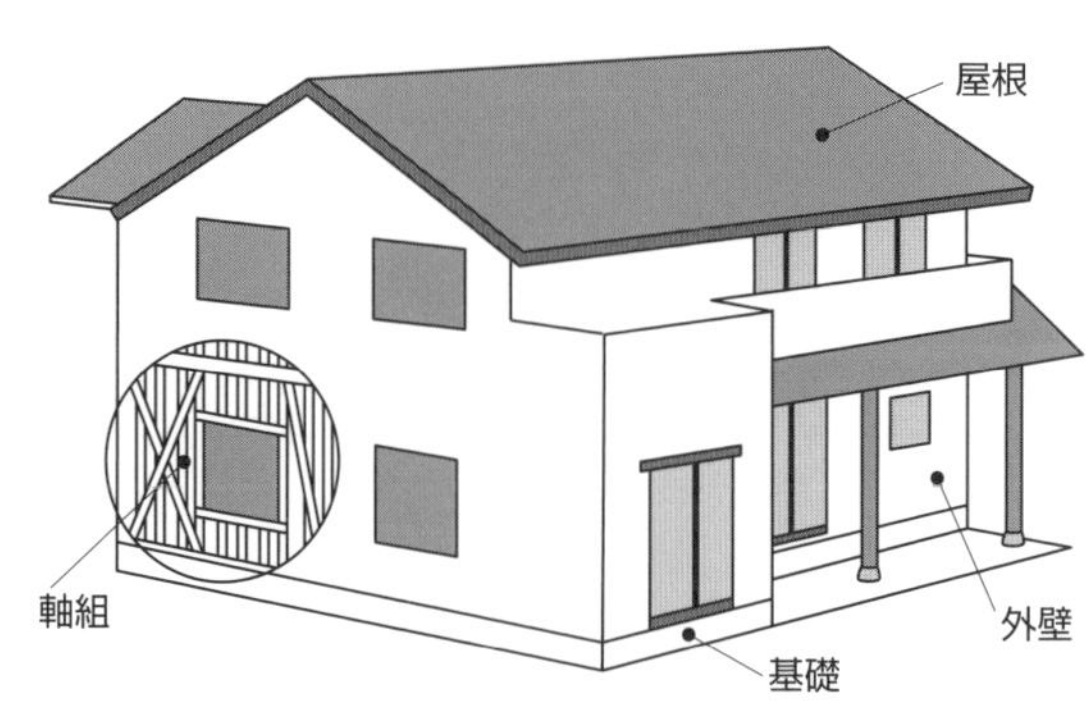

■木造建物

①まずは、主要構造部に注目

在来軸組工法の建物は、「軸組（柱）、基礎（布コンクリート）、屋根（屋根面）、外壁（外壁面）」、枠組壁工法の建物は、「外壁（1階の外壁面）、内壁（1階の入隅部）、基礎（布コンクリート）、屋根（屋根面）」といった主要構造部に着目して損傷程度を調査します。

つぎに、損害認定基準から物理的な損傷割合と階数（平屋建、2階建、3階建）ごとに定められた損害割合、地盤等に損害がある場合はその損害も合算し、大半損（損害割合40％以上50％未満）、小半損（損害割合20％以上～40％未満）、一部損（損害割合3％以上～20％未満）、支払い対象外（3％未満）の認定を行います。

損害認定基準では、在来軸組工法の建物は、地震の振動による基礎の傾斜が約3度を超えたときや、柱の傾斜角が3度以上・柱の沈下・柱の断面積の3分の1以上の欠損があるもの・柱の折損等が、建物全体の柱の本数の40％を超える場合、全損となります。

枠組壁工法の建物は、地震の振動による基礎の傾斜が約3度を超えた場合や、外壁の傾斜角が1度以上・外壁表面に亀裂、破断があるもの・外壁面及び壁の継ぎ目に亀裂、剥落、破損、張り立て面の目地切れ等があり、補修を要するものの割合が、1階の外周延べ長さの25％を超える場合、全損となります。

②第2次査定を行う場合も

軸組、基礎、屋根、外壁、内壁等といった主要構造部に損傷がなくても、「内壁、床組」に物理的な損傷があるときや、より詳細な調査を要するときは第2次査定を実施し、それらの損傷割合も加算され、全体の損害割合を求める場合もあります。

地震保険損害認定基準表（抜粋）

木造建物　在来軸組工法損害認定基準表

被害の程度（物理的損傷割合）			損害割合（%）			物理的損傷割合の求め方
			平家建	2階建	3階建	
主要構造部	軸組	①3％以下	7	8	8	損傷柱本数／全柱本数
		②〜⑧　略	12〜41	13〜45	14〜46	
		⑨40％を超える場合	全損とします			
	基礎	①5％以下	3	2	3	損傷布コンクリート長さ／外周布コンクリート長さ
		②〜⑤　略	5〜11	4〜11	5〜12	
		⑥50％を超える場合	全損とします			
	屋根	①10％以下	2	1	1	屋根の葺替え面積／全屋根面積
		②〜④　略	4〜8	2〜4	1〜3	
		⑤50％を超える場合	10	5	3	
	外壁	①10％以下	2	2	2	損傷外壁面積／全外壁面積
		②〜⑤　略	3〜10	5〜15	5〜15	
		⑥70％を超える場合	13	20	20	

※建物の基礎全体が1/20（約3°）以上傾斜している場合は、建物全損と認定します。
※傾斜が1/20（約3°）以上ある柱の本数が建物全体の柱の本数の40%を超える場合は、建物全損と認定します。
※沈下している柱の本数が建物全体の柱の本数の40%を超える場合は、建物全損と認定します。

枠組壁工法損害認定基準表

被害の程度（物理的損傷割合）			損害割合（%）	物理的損傷割合の求め方
主要構造部	外壁	①3％以下	2	1階の損傷外壁水平長さ／1階の外周延べ長さ
		②〜⑥　略	4〜39	
		⑦25％を超える場合	全損	
	内壁	①3％以下	3	1階の入隅損傷箇所合計×0.5／1階の入隅全箇所数
		②〜④　略	5〜35	
		⑤15％を超える場合	全損	
	基礎	①3％以下	1	損傷布コンクリート長さ／外周布コンクリート長さ
		②〜⑦　略	2〜10	
		⑧35％を超える場合	全損	
	屋根	①3％以下	1	屋根の葺替え面積／全屋根面積
		②〜⑧　略	2〜9	
		⑨55％を超える場合	10	

※建物の基礎全体が1/20（約3°）以上傾斜している場合は、建物全損と認定します。

■鉄筋コンクリート造

鉄筋コンクリート造（ラーメン構造）の建物は、まず建物全体の沈下または傾斜による被害の程度を調査し、損害割合を求めることになります。

鉄筋コンクリート造の損害認定基準では、最大沈下量が１００㎝を超える場合や傾斜が約１・２度を超えるとき、全損となります。

建物全体に沈下、傾斜がない場合や、沈下、傾斜による損傷割合が50％に至らない場合、損傷の最も大きい階の柱や梁といった部分的被害に着目し、沈下、傾斜による損害割合と部分的被害の損害割合を合算し損害割合を求めます。損害の程度が大きく、損傷割合が50％を超える場合には全損となります（１４４ページ下表の損害の程度Ⅳ参照）。

例外的に建物の沈下を伴わない傾斜（部分傾斜）がある場合は、部分傾斜による被害と部分的被害のいずれか高い値を全体の損害割合とします。

非木造建物 鉄筋コンクリート造 沈下・傾斜による損害認定基準表

<table>
<tr><th colspan="3">被　害　の　程　度</th><th>損害割合（%）</th></tr>
<tr><td rowspan="6">建物全体の被害</td><td rowspan="3">最大沈下量
（沈下とは、建物が地表面より沈み込むもの。）</td><td>①5cmを超え、10cm以下</td><td>3</td></tr>
<tr><td>②〜⑩　略</td><td>5〜45</td></tr>
<tr><td>⑪100cmを超える場合</td><td>全損</td></tr>
<tr><td rowspan="3">傾斜
（傾斜とは、沈下を伴う傾斜。）</td><td>①0.2/100（約0.1°）を超え、0.3/100（約0.2°）以下</td><td>3</td></tr>
<tr><td>②〜⑦　略</td><td>5〜40</td></tr>
<tr><td>⑧2.1/100（約1.2°）を超える場合</td><td>全損</td></tr>
</table>

非木造建物 鉄筋コンクリート造 部分的被害による損害認定基準表

<table>
<tr><th colspan="2">損　害　の　程　度</th><th>被害の程度（物理的損傷割合）</th><th>損害割合（%）</th></tr>
<tr><td rowspan="3">I</td><td rowspan="3">近寄らないと見えにくい程度のひび割れがある</td><td>①10%以下</td><td>0.5</td></tr>
<tr><td>②〜⑤略</td><td>1〜4</td></tr>
<tr><td>⑥50%を超える場合</td><td>5</td></tr>
<tr><td rowspan="3">II</td><td rowspan="3">肉眼ではっきり見える程度のひび割れがある</td><td>①５%以下</td><td>0.5</td></tr>
<tr><td>②〜⑩略</td><td>1〜11</td></tr>
<tr><td>⑪50%を超える場合</td><td>13</td></tr>
<tr><td rowspan="3">III</td><td rowspan="3">部分的にコンクリートが潰れたり、鉄筋、接合鉄筋・接合鋼板が見える程度のひび割れがある</td><td>①３%以下</td><td>2</td></tr>
<tr><td>②〜⑪略</td><td>3〜25</td></tr>
<tr><td>⑫50%を超える場合</td><td>30</td></tr>
<tr><td rowspan="3">IV</td><td rowspan="3">大きなひび割れやコンクリートの潰れが広い範囲に生じ、手で突くとコンクリートが落下し、鉄筋・接合鉄筋・接合鋼板が部分的または全部見えるような破壊がある
鉄筋の曲り、破断、脱落、座屈がある</td><td>①３%以下</td><td>3</td></tr>
<tr><td>②〜⑪略</td><td>5〜45</td></tr>
<tr><td>⑫50%を超える場合</td><td>全損</td></tr>
</table>

※すべての構造について損傷の最も大きい階に着目します。（ただし、最上階は除く。）

※壁式構造、壁式プレキャスト構造、中高層壁式ラーメン構造については、建物の長辺方向、短辺方向のうち損傷の大きい方向がわかる場合には、損傷の大きい方向に着目し、物理的損傷割合の調査を行います。

※ラーメン構造、壁式構造、壁式プレキャスト構造、中高層壁式ラーメン構造についてそれぞれ以下の着目点における物理的損傷割合を調査し、認定基準表から損害割合を求め、最も大きいものを部分的被害の損害割合とします。それに建物の沈下・傾斜による損害割合を加えて建物全体の損害割合を求め、損害認定を行います。

ラーメン構造：柱（柱はり接合部を含む）、はり

壁式構造：外部耐力壁、外部壁ばり

壁式プレキャスト構造：外部耐力壁、外部壁ばり、プレキャスト鉛直接合部、プレキャスト水平接合部

中高層壁式ラーメン構造：長辺方向は、柱（柱はり接合部を含む）、はり、短辺方向は外部耐力壁、外部壁ばり

■鉄骨造の建物

鉄骨造の建物は、鉄筋コンクリート造の建物同様、まず建物全体の沈下または傾斜による被害の程度を調査し、損害認定基準から損害割合を求めます。

建物全体に沈下、傾斜がない場合や、沈下、傾斜による損害割合が全損に至らない場合は、建物各階の開口部、外壁といった部分的被害に着目し、沈下、傾斜による損害割合と開口部、外壁のどちらか高い値の部分的被害の損害割合を合算し損害割合を求めます。

鉄骨造の損害認定基準では、地震の振動による（地盤の液状化は除く）最大沈下量が40㎝を超える場合、傾斜が約１・７度を超えるとき、建物全体が１階で総崩壊しているとき、平面的に建物の４分の１以上の部分で倒壊しているとき、外壁の種類により「はらみ出し」または「剥落」、「局部破壊」または「崩落」している外壁の被害が建物全体の外壁の50％を越えるときは全損となります。

なお、建物の損害認定基準はあくまでも主要構造部の損害に着目するため、ガラスの破損や給排水管の損傷、水ぬれなどの損害はいっさい加味されません。

非木造建物 鉄骨造 沈下・傾斜による損害認定基準表

被害の程度			損害割合（%）
建物全体の被害	最大沈下量（沈下とは、建物が地表面より沈み込むもの。）	①10cmを超え、15cm以下	3
		②～⑤略	10～40
		⑥40cmを超える場合	全損
	傾斜（傾斜とは、沈下を伴う傾斜。）	①0.4/100（約0.2°）を超え、0.5/100（約0.3°）以下	3
		②～⑤略	10～40
		⑥3.0/100（約1.7°）を超える場合	全損

非木造建物 鉄骨造 部分的被害による損害認定基準表

損害の程度		被害の程度（物理的損傷割合）	損害割合（%）
I	建具に建付不良がみられる 外壁および目地にわずかなひび割れ、かすかな不陸がある	①10%以下	1
		②～④略	2～4
		⑤50%を超える場合	5
II	建具に開閉困難がみられる 外壁に目地ずれ、ひび割れがある	①５%以下	1
		②～⑨略	2～12
		⑩50%を超える場合	15
III	建具の開閉不能、全面破壊がある 外壁に大きなひび割れや剥離、浮きだし、目地や隅角部に破壊がある	①３%以下	2
		②～⑩略	3～23
		⑪50%を超える場合	25
IV	外壁の面外への著しいはらみ出し、剥落、破壊、崩落がある	①３%以下	3
		②～⑨略	5～45
		⑩50%を超える場合	全損

※建物のすべての階に着目します。
※開口部（窓・出入口）および外壁の物理的損傷割合を調査し、損害認定基準表から損害割合を求め、最も大きい損害割合を部分的被害の損害割合とします。それに建物の沈下・傾斜による損害割合を加えて建物全体の損害割合を求め、損害認定を行います。
※ピロティ方式の建物の場合、ピロティ部分には、開口部（窓・出入口）、外壁がないので、ピロティの柱に着目します。柱の傾斜を調査し、その最大傾斜から「沈下・傾斜による損害認定基準表」により損害割合を算出したうえ、建物延床面積に対するピロティ部分の床面積の割合を乗じ、ピロティ部分の損害割合を求めます。ピロティ部分以外については、建物の開口部（窓・出入口）および外壁のうちいずれか大きい損害割合に建物延床面積に対するピロティ部分以外の床面積の割合を乗じ、ピロティ部分以外の損害割合を算出します。ピロティ部分の損害割合とピロティ部分以外の損害割合を合算し、部分的被害の損害割合を求めます。それに建物全体の沈下または傾斜による損害割合を加えて建物全体の損害割合を求め、損害認定を行います。

■地盤の液状化による建物損害

東日本大震災では関東各地で地盤の液状化現象が発生し、多くの建物に損害が発生しました。そこで、これまで採用していた地震振動による損害認定方法に加え、液状化特有の損害に着目した損害認定方法が基準に追加されました（適用開始日は2011年3月11日）。

木造建物（在来軸組工法、枠組壁工法）と鉄骨造建物（共同住宅を除く）は、傾斜が1度を超えるときや沈下が30㎝を超える場合は全損。傾斜が0・8度を超え、1度以下の場合や沈下が20㎝を超え30㎝以下の場合が大半損。傾斜が0・5度を超え0・8度以下の場合や沈下が15㎝を超え20㎝以下の場合が小半損。傾斜が0・2度を超え0・5度以下の場合や沈下が10㎝を超え15㎝以下の場合が一部損となります。

傾斜・最大沈下量は、いずれか高いほうの認定区分が採用されます。

なお、建物の傾斜が約1度あると生理的な限界値を超えるとされています。

角度と傾斜角（勾配）の目安

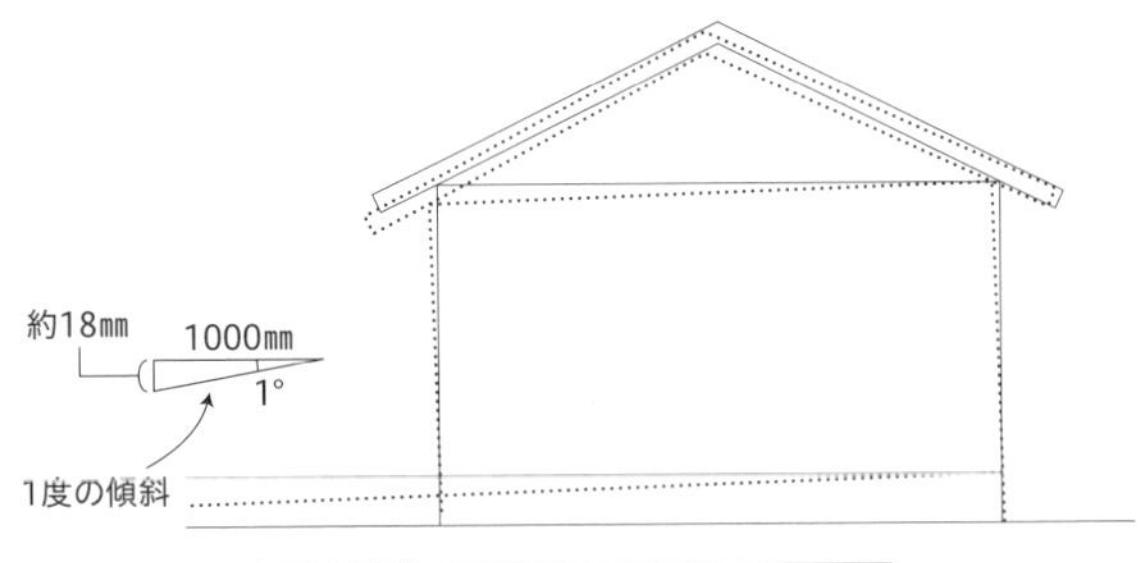

0.2度	約4/1000（1ｍで約４㎜）
0.5度	約9/1000（1ｍで約９㎜）
1度	約18/1000（1ｍで約18㎜）
1.2度	約21/1000（1ｍで約21㎜）
1.7度	約30/1000（1ｍで約30㎜）
3度	約50/1000（1ｍで約50㎜）

傾斜角と機能的障害程度の関係

傾斜角	障害程度	区分
3/1000以下	品確法技術的基準レベル－１相当	1
4/1000	不具合が見られる	2
5/1000	不同沈下を意識する 水はけが悪くなる	
6/1000	品確法技術的基準レベル－３相当、不同沈下を強く意識し申し立てが急増する	3
7/1000	建具が自然に動くのが顕著に見られる	
8/1000	ほとんどの建物で建具が自然に動く	4
10/1000	排水管の逆勾配	
17/1000	生理的な限界値	5

参考：日本建築学会「小規模建築物基礎設計指針」表10.1.1
「傾斜角と機能的障害程度の関係」10.1.2より

■家財の場合

家財の損害認定基準は、個々の家財の損傷程度によらず、あらかじめ5つに分類された家財の代表品目の構成割合と損傷品目数から求められた損害率をもとに損害割合が求められ、全損（損害割合80％以上）※、大半損（損害割合60％以上～80％未満）、小半損（損害割合30％以上～60％未満）、一部損（10％以上～30％未満）、支払い対象外（損害割合10％未満）の認定を行います。

家財の損害認定における5分類は、①食器類②電気器具類③家具類④身回品その他⑤寝具・衣類です。

代表品目は次ページの表を参照してください。該当するものがないときは、代替できる品目もあります。

※外観上明らかに全損となる場合は、全損として認定されます。

● 地震保険損害認定基準となる家財の5分類と代表品目 ●

分類	代表品目
食器類（2品目）	食器
	調理用具
電気器具類（10品目）	冷蔵庫
	炊飯器
	電子レンジ・オーブン
	テレビ
	録画再生機器
	オーディオ機器
	パソコン
	洗濯機
	掃除機
	冷暖房機器
家具類（10品目）	ダイニングセット
	食器戸棚
	ソファー
	机・椅子
	本棚
	ベッド
	タンス
	鏡台・ドレッサー
	花瓶
	仏壇・仏具
身回品その他（10品目）	靴
	鞄
	時計・腕時計
	アクセサリー
	メガネ・コンタクトレンズ
	電話・携帯電話
	カメラ・ビデオカメラ
	DVD・CD・レコード
	書籍・絵画
	スポーツ・レジャー用品
寝具・衣類（10品目）	ふとん・まくら・シーツ
	コート
	スーツ・礼服
	ジャンパー・ブルゾン
	ズボン・スカート
	Yシャツ・ブラウス
	ポロシャツ・Tシャツ・トレーナー
	和服・着物
	マフラー・ショール・ネクタイ・スカーフ
	ベルト・ハンカチ・靴下・手袋

＊2019年1月1日以降発生地震に使用

6 地震保険ここがポイント

●割引制度を活用しよう

地震保険には、その建物が建築された年代や免震・耐震性能に応じた保険料の割引制度があります。

建築基準法の改正により建物の耐震性が高められた昭和56年6月以降（新耐震基準）に建築された建物なら「建築年割引」（割引率10％）、住宅の品質確保の促進等に関する法律、または国土交通省の定める「耐震診断による耐震等級の評価指針」に基づく耐震等級が「1」なら10％、「2」なら30％、「3」なら50％といった耐震等級割引が利用できます。

また、免震建築物なら50％、地方公共団体等による耐震診断または耐震改修の結果、改正建築基準法（昭和56年6月1日施行）における耐震診断を満たす建物なら10％の割引率が適用できるなど各種割引制度があります。

これら割引制度は重複して利用することはできません。また割引制度を利用するためには、その条件を満たしていることが証明できる書類の提出が必要です。

地震保険の各種割引制度

割引の種類	適用条件	確認資料
免震建築物割引：50%	「住宅の品質確保の促進等に関する法律」（以下「品確法」といいます）に基づく「免震建築物」である場合	①品確法に基づく「住宅性能評価書」等 ②独立行政法人住宅金融支援機構が定める技術基準に適合していることを示す適合証明書（フラット35Sの「適合証明書」等） ③「長期優良住宅の普及の促進に関する法律」に基づく認定書類（認定通知書等）
耐震等級割引 耐震等級1:割引率10% 耐震等級2:割引率30% 耐震等級3:割引率50%	品確法に基づく「耐震等級（構造躯体の倒壊等防止）」を有している場合 （注）上記のほか、国土交通省の定める「耐震診断による耐震等級（構造躯体の倒壊等防止）の評価指針」に基づく「耐震等級」を有している場合	
耐震診断割引：10%	地方公共団体等による耐震診断または耐震改修の結果、改正建築基準法（1981（昭和56）年6月1日施行）における耐震基準を満たす場合	①耐震診断の結果により国土交通省の定める基準（平成18年国土交通省告示第185条）に適合することを地方公共団体等が証明した書類 ②耐震診断・耐震改修の結果により減税措置を受けるための証明書（「耐震基準適合証明書」「住宅耐震改修証明書」等）
建築年割引：10%	1981（昭和56）年6月1日以降に新築された建物である場合	公的機関等が発行し、かつ適用条件を確認できる書類（「建物登記簿謄本」「建築確認書」等）

（注１）保険期間の途中で確認資料の提出があった場合、その資料を提出した日以降の保険期間について割引が適用されます。

（注２）既にいずれかの割引が適用されている場合には、地震保険割引の種類（さらに耐震等級割引の場合は耐震等級、建築年割引の場合は新築年月）が確認できる「保険証券」「保険契約証」「保険契約継続証」または「異動承認請求書（契約内容変更依頼書）」（写）を確認資料とすることができます。

●地震保険も長期契約で安くなる

地震保険も火災保険の長期一括払い同様、保険期間を長く設定すると保険料が節約できます。地震保険への加入が前提で、かつ一度に支払う保険料に無理がなければ、なるべく長めに保険期間を設定することで保険料が節約できます。

なお、地震保険の保険期間は最長5年。セットで契約する火災保険の保険期間が10年でも、地震保険は1～5年ごとに継続することになります。

地震保険の長期係数

地震保険期間	長期係数
2年	1.90
3年	2.80 （2021年1月1日以降は2.85）
4年	3.70 （2021年1月1日以降は3.75）
5年	4.60 （2021年1月1日以降は4.65）

※「保険料一括払特約が付帯された場合の長期係数」

●耐震性が高くても被害は受ける

「耐震性が高い建物だから」といった安易な理由で地震保険に加入しないのは、非常に危険です。なぜなら、地震で隣の建物が倒壊して損害を受ける場合もあるからです。また、倒壊した隣の建物から出火して、自宅が火事になった場合でも、自宅に地震保険が掛けられていないと損害はまったく補償されません。

建物の地震保険を検討するときは、その建物の耐震性や耐火性だけで判断することなく、周囲の建物の構造や築年、密集度合いといった隣接状況までよく見極めることが大切です。

●建物に被害がなくても家財は被害を受ける

大規模な地震が起きると、たとえ建物に大きな被害がなくても、家財は意外と大きな被害を受けます。お皿や茶碗といった食器類が割れてしまうだけなく、食器棚や洋服ダンスといった家具類、パソコンやテレビ、冷蔵庫といった大型家電製品もすぐに倒れて使いものにならなくなってしまいます。

それほど規模の大きくない地震でも、家財は意外と簡単に被害を受けるため、耐震性が高い建物でも家財の地震保険は忘れずにセットしておきたいところです。

●ハザードマップポータルサイトで津波・噴火・液状化による損害もしっかり考慮

沿岸地域では、日本近海や海外で発生した地震の揺れによる直接的な影響を建物や家財が受けなくても、その後発生した津波により建物が損壊、流失する可能性も考えられます。よって、耐震性の高い建物だからといった安易な理由だけで地震保険に入

らないのは危険です。また、火山の噴火が原因による火災・損壊・埋没もやはり地震保険でないと補償されないため、火山周辺地域では万一の噴火に対する備えも必要になります。

なお、地震が原因による津波・噴火・液状化による損害が、どの程度の範囲までどのような影響を与えるのか、あらかじめ想定した「津波ハザードマップ」「火山ハザードマップ」「液状化マップ」が国土交通省ハザードマップポータルサイトから確認できますので、具体的に確認してみる必要があるでしょう。

地震保険は地震の揺れといった直接的な建物や家財の被害だけでなく、地震に伴う津波・噴火・液状化といった誰も予測できない自然災害も補償します。建物が建っている地域により、リスクに大きな差があることも覚えておきたいところです。

（参考）国土交通省ハザードマップポータルサイト
https://disapotal.gsi.go.jp

●意外と強い最近の一戸建住宅

阪神大震災では木造や鉄骨、鉄筋コンクリートといった構造などにかかわらず、建築基準法の改正（昭和56年6月）以前の「旧耐震基準」と呼ばれる建物に倒壊被害が目立ちました。

それ以降に建築された「新耐震基準」の建物では、木造住宅でも窓ガラスが1枚も割れなかった建物や、外壁にヒビすら入らなかった建物もあったのです。

地震による倒壊被害は、その建物の築年代によりずいぶん差があります。最近の住宅は「住宅の品質確保に関する法律」に基づき、建物のさまざまな性能を客観的に評価する「住宅性能

（参考）日本住宅性能表示基準に基づく表示すべき事項の説明
1．構造の安定に関すること　1-1耐震等級（構造躯体の倒壊等防止）地震に対する構造躯体の倒壊、崩壊などのしにくさ

等級3	極めて稀に（数百年に一度程度）発生する地震による力（建築基準法施行令第88条第３項に定めるもの）の1.5倍の力に対して倒壊、崩壊等しない程度
等級2	極めて稀に（数百年に一度程度）発生する地震による力（建築基準法施行令第88条第３項に定めるもの）の1.25倍の力に対して倒壊、崩壊等しない程度
等級1	極めて稀に（数百年に一度程度）発生する地震による力（建築基準法施行令第88条第３項に定めるもの）に対して倒壊、崩壊等しない程度

（参考）日本地震工学会論文集第７巻、第６号、2007
「被害発生確率を用いた耐震等級の説明の有効性」
震度の大きさに対する被害発生確率を示した表現

震度	説明
震度7	震度７の地震の揺れで倒壊する確率は、 等級１の建物では28% 等級２の建物では7.9%（等級１の約５分の１） 等級３の建物では3.5%（等級１の約８分の１）

表示制度」[※1]で建物の耐震性が等級表示されています。

最近の一戸建て住宅（２階建程度）は建築基準法施行令で定めた地震力の１・５倍の力（耐震等級３）に対して倒壊、崩壊しない程度の耐震性を有する建物が主流です。[※2]一戸建て住宅にも免震住宅が採用されるなど、建物の耐震性は高くなっています。

※１　この制度は任意のため、すべての住宅で性能が表示されるわけではありません。また、この制度を利用するためには費用が掛かるときもあります。

※２　マンションのほとんどは耐震等級１

7 共済や地震補償の上乗せもある

●共済の火災・地震保障

火災や地震による損害の補償は保険会社のみならず、共済でも取り扱っています。損害保険と同じような補償ですが、共済によって保障内容、共済金の条件はさまざまです。地震に対する補償も地震保険とは異なり、各共済によって内容が異なるのも特徴です。

また、地震保険は政府と保険会社の共同運営ですが、共済が独自で運営している場合は、1回の風水害、1回の地震等による共済金の支払限度額を各共済で決めています。

【加入例】
東京都で木造住宅25坪、住宅と家財の保障に加入、自然災害共済は大型タイプ。加入口数が住宅保障、家財保障ともに200口の場合。

	火災などのとき	風水害などのとき	地震などのとき
火災共済	最高4,000万円	最高300万円	
自然災害共済		最高2,800万円	最高1,200万円

※その他諸費用共済金、特別共済金、持出し家財共済金、臨時費用等の保障あり。

■こくみん共済COOP、住まいる共済「火災共済＋自然災害共済」

「火災共済」が火災保険に該当し、地震等の自然災害の備えには、火災共済にプラスして「自然災害共済」に加入します。

火災共済の保障内容は、住宅・家財をあわせて最高保障額6000万円。「自然災害共済」には大型タイプと標準タイプがあり、大型タイプの場合の地震の保障は、火災共済の30％が最高保障額となります。

火災等で全焼（住宅の70％以上の焼破損）の場合は契約共済金額の全額が、全焼にいたらない場合は、契約共済金額の範囲内で損害額（再取得価額）が支払われます。

また地震の場合は、住宅の損害額が20万円を超え100万円以下の場合に地震等特別共済金が支払われます。一世帯あたり大型タイプでは4・5万円、標準タイプでは3万円です。損害額が100万円超の場合には地震共済金が支払われます。大型タイプであれば、全壊・全焼（損害の程度70％以上）で1口当たり3万円、大規模半壊・大規模半焼（損害の程度50％～70％未満）で1口当たり1万8000円、半壊・半焼（損害の程度20％～50％未満）で、1口当たり1万5000円、一部壊・一部焼（損害の程度20％未満で損害額100万円超）で、1口あたり3000円が支払われます。

■JA共済「建物更生共済　むてきプラス」

JA共済の「建物更生共済　むてきプラス」は、火災、落雷、破裂・爆発、水ぬれ、盗難などの保障に加え、台風、洪水、豪雪、ひょう、竜巻、そして地震、噴火・津波などの保障が基本保障に含まれています。

また、火災や自然災害でケガをした場合や死亡した場合の傷害共済金や、満期共済金があるのも特徴です。

住宅だけでなく、営業用の什器備品や、畜舎や堆肥舎など特別な建物も保障の対象とすることができます。

共済期間は5年間または10年間ですが、10年で契約し、契約時に「継続特約」を付

【加入例】
建物：火災共済金額1,500万円（再取得価額）、満期共済金額50万円

火災・落雷・破裂爆発・物体の衝突・水ぬれ・盗難または盗難による汚損、騒じょう	●全損の場合 1,500万円＋臨時費用共済金・特別費用共済金・残存物取り片づけ費用共済金 ●分損の場合 復旧するために要する額（損害の額）＋臨時費用共済金など
風災・ひょう災・雪災・水災	火災等の保障と同じ。ただし、損害割合が５％以上のときなど制限あり
地　震	750万円×損害割合（損害の額の50％を限度）。ただし、損害割合が５％以上のとき
その他	火災や自然災害によって死亡した場合450万円、治療または施術の場合30万円、満期のとき50万円

加することで、通算して30年など長期にわたって契約することも可能です。

地震の場合の自然災害共済金は、地震保険のように、「全損」「大半損」「小半損」「一部損」の４段階ではなく、火災共済金の50％に対して、損害割合を乗じたものが支払われるのが特徴です。

■県民共済「新型火災共済」

県民共済は、住まいか職場のある都道府県で加入します。「新型火災共済」は火災、落雷、破裂・爆発、消防冠水などが保障対象となっています。住宅の保障額は、住宅の総坪数によって決定され最高4000万円まで、家財の保障額は、家族の人数によって決定され最高2000万円までです。掛金は鉄筋コンクリート造か木造かによって決まります。

地震等による住宅の半壊・半焼以上の場合には、地震等見舞共済金が支払われます。加入額の5%の範囲内で最高300万円までです。

その他の特徴として、加入住宅の被災を直接原因として、加入者または加入者と同一世帯の人が死亡・重度障害になった場合には、1人につき100万円（合計500万円まで）が支払われます。また、決算後、剰余金が生じたときは、払込掛金に応じて割戻金があります。

地震への備えを大きくしたい場合には「地震特約」を付加することができます。地震等による半壊・半焼以上の損害に対して加入額の15%が支払われます。

【加入例】
住宅の保障額2,100万円（住宅の総坪数30坪）、家財の保障額1,200万円（家族の人数３人）の場合

火災、破裂、爆発、消防破壊・消防冠水、航空機の墜落、車両の衝突、落雷等	全損、一部破損でも加入額（住宅2,100万円、家財1,200万円）の範囲内で再取得価額が支払われる。
臨時費用	火災後に必要な仮住まい等の費用。火災等共済金の20％。 最高200万円
焼死等	加入している住宅の火災等で加入者または家族が死亡・重度障害になった場合、１人100万円（合計500万円まで）
持出し家財の損害	（家財に加入の場合）家財の加入額の20％の範囲内。最高100万円
地震等	地震等による住宅の半壊・半焼以上の損害で最高165万円（加入額の５％以内）、一部破損も一律５万円
風水害	風水害等による10万円を超える損害または床上浸水の場合 ●全壊・流出…600万円 ●半壊…300万円 ●一部破損…５～60万円

●地震補償を上乗せできる「少額短期保険」

地震保険とは別に、震災後の生活を再建するための費用を補償する地震補償保険「SBIいきいき少短の地震の保険＊」というものもあります。

この商品の特徴は、地震保険と違い火災保険とセットすることなく、単独での加入が可能なことです。

補償額は300~900万円の5タイプで、世帯人数で決まります。

保険金の支払額は、建物の損壊程度が「全壊」の場合100%、「大規模半壊」の場合50%、「半壊」の場合6分の1の3段階で、「一部損壊」は補償の対象外です（地震保険と支払い基準は異なります）。

損害の程度の認定は地方自治体が調査し発行する「り災証明」のみで行います。

加入条件は、昭和56年6月1日以降に建築確認を受けた建物、または耐震改修によって同時点の新耐震基準を満たした建物に限られ、家財は対象外です。保険期間は1年となっています。

【ＳＢＩいきいき少短の地震の保険と地震保険の保険料例】

▼ＳＢＩいきいき少短の地震の保険（令和2年8月1日現在）

東京、非木造、世帯人数４人　補償額７００万円

保険料：１年間で３万００３０円

▼地震保険

東京、Ｍ構造（マンション）、地震保険金額７００万円（建築年割引率10％引適用）

保険料：１年間で１万５７５０円

※正式名称は「地震被災からの再スタート費用保険」

● ＳＢＩいきいき少短の地震の保険の補償額と「り災証明書」の認定基準 ●

世帯人数	地震等により住まいが		
	全壊の場合	大規模半壊の場合	半壊の場合
5人以上	900万円	450万円	150万円
4人	700万円	350万円	116.7万円
3人	600万円	300万円	100万円
2人	500万円	250万円	83.3万円
1人	300万円	150万円	50万円

＊被害認定が一部損の場合は支払の対象となりません。
＊全壊・大規模半壊・半壊の被害認定は地方自治体が政府の認定基準に基づき調査をします。

1 全壊
住宅がその居住のための基本的機能を喪失したもの、または、住宅の損壊が甚だしく、補修により元どおりに再使用することが困難なもの。
①住宅の損壊、焼失、もしくは流失した部分の床面積が、住宅の床面積の70％以上のもの。
②住宅の主要な構成要素の経済的被害が、住宅全体の50％以上に達した程度のもの。

2 大規模半壊
半壊であって、構造耐力上主要な部分（建築基準法施行令第１条第３号に規程する構造耐力上主要な部分をいう。）の補修を含む大規模な補修を行わなければ、当該住宅に居住することが困難であると認められるもの。
①損壊部分がその住宅の床面積の50％以上70％未満のもの。
②住宅の主要な構成要素の経済的被害が、住宅全体の40％以上50％未満のもの。

3 半壊
住宅がその居住のための基本的機能の一部を喪失したもの（住宅の損壊が甚だしいが、補修すれば元どおりに再使用できる程度のもの）。
①損壊部分がその住宅の床面積の20％以上50％未満のもの。
②住宅の主要な構成要素の経済的被害が住宅全体の20％以上40％未満のもの。

※令和２年３月現在の政府の認定基準

●保険会社の特約でも地震補償を上乗せできる

保険会社の独自商品には、「地震危険等上乗せ補償特約」といった特約を選択することで、地震・噴火・津波による損害について最大で火災保険金額の100％を補償する商品があります。

また、「地震火災特約」などといった特約を選択することで、地震等による火災で建物が半焼以上、または保険の対象の家財が全焼した場合は、地震保険の保険金、火災保険の地震火災費用保険金とあわせて、最大で火災保険金額の100％まで補償される商品があります。

保険会社の地震補償を増やすことができる商品例

保険会社	商品	概要
東京海上日動火災保険	【トータルアシスト超保険】地震危険等上乗せ補償特約	地震保険に加えて、地震危険等上乗せ補償特約を追加することで、地震保険によって保険金が支払われる場合に、地震保険による保険金と同額が支払われます。 ※地震保険の保険金額と合算して、建物１億円、家財２,000万円限度） ※地震保険料控除の対象になります
損害保険ジャパン	【THEすまいの保険】地震火災30プラン 地震火災50プラン	地震等による火災で建物が半焼以上、または保険の対象の家財が全焼した場合 地震火災30プランでは最大で火災保険金額の80％まで補償します。 地震火災50プランでは最大で火災保険金額の100％まで補償します。
AIG損害保険	【ホームプロテクト総合保険】地震火災費用保険金支払割合変更特約	地震火災費用保険金にこの特約をセットした場合、「地震火災費用保険金」の支払割合が5％から50％にアップします。

【第3章】

災害に備えるお金のはなし

この章では、私たちの身の回りにあるリスクについて整理し、その予防や緊急予備資金の準備、保険でのリスク対策と保険の見直し方について解説します。

また災害時に知っておきたい、住宅ローンの対応や保険の活用法、公的支援制度などのことも取りあげています。

1 ライフプランとリスク

●安心安全な家計づくりを考えてみよう

私たちの身の回りには、いつもなんらかの「リスク」が存在します。リスクには、「危険度」という意味と、「予想、予定通りにいかない可能性」という、大きく2つの意味があります。

私たちの生涯設計＝ライフプランは、あくまで〝プラン〟ですから、予想、予定通りにならないこと＝リスクがたくさんあります。

未然に防ぐことができそうなリスクは、例えば、健康管理をしっかりして病気になりにくい体質になって、入院や死亡に関するリスクを抑えたり、常に車は安全運転を心掛けて、事故のリスクを抑えるという対策ができるでしょう。また、残念なことに入院したり、事故にあったりした時の経済的なリスクに備え、「保険」に加入することも事前にできる対策の1つです。

一方、未然に防ぐことができない、自分が意図しない外的な要因で起こるリスクやそれによる経済的なリスクは、ダメージが大きいものです。その代表的な例が「天災」です。天災とは、地震や噴火、津波、落雷、その他風水害などの自然災害のことです。

これら自然災害が起きた場合、人的な被害から家屋や家財、車など、生活に関するあらゆる物の被害が「大きな規模」で起こる可能性があるため、その経済的リスクをすべて保険でカバーする仕組みはありません。

一般の保険は原則、日常的な災害を基本にしているため、1回の災害で大きな損害が起きる可能性がある天災については、補償の対象外としたり、一部の天災のみを補償の対象としたり、損害の一部を補償したりしています。

このような大きな経済的リスクに対しては、一部は保険でカバーしながらも、万一の時少しでも安心できるよう、自分自身で事前にできることはないか考えておくことが大切です。

事前にできること

現状の把握	はじめの一歩は「知ること」です。どんなことが起こったらどのような経済的リスクがあるのか、それは保険でカバーできるのかできないのか、できるのであればその保険はどういったものなのか、できないのであれば他に手立てがあるのか、というように自分にあてはめて現状を「知る」ことです
手元の資金準備	万一の時にすぐにでも使える、使途が自由な緊急資金の準備。大きな災害時など少しでも手元の現金があると安心です
保険の見直し	保険ですべての損失をカバーできるわけではありませんが、万一のときにはしっかり機能する保険である必要があります。また不要な保険を整理すると、その分緊急資金に充てることができます
社会保障制度、公的支援制度の把握	健康保険や公的年金制度には死亡保障や医療保障があります。また災害時には公的な支援制度もあります。リスク対策を考えるうえでは公的制度の把握は欠かせません

●まずは「緊急予備資金」の準備から

「緊急予備資金」という言葉をご存知でしょうか。

緊急予備資金とは、今後のライフイベントのお金とは別に、すぐに引き出して使えるように準備しておく、緊急資金のことです。

ファイナンシャルプランの世界では当たり前のように使われている言葉であり、考え方でもありますが、一般的にはまだ馴染みのない考え方かと思います。

例えば、電化製品が突然壊れた、車が故障した、急遽遠方に出かける旅費が必要になったなど、日常生活で急にお金が必要になった場合などに使うお金として準備しておくものです。つまり、預貯金の中でも、将来のイベントに必要なお金とは別に準備しておくお金です。

その他にも、入院した場合の医療費や自動車事故で車が壊れた場合の修理費用なども、緊急予備資金でカバーすることができるでしょう。つまり、たくさん緊急予備資金を準備できるのであれば、保険はあまり必要ないと考えることができます。

緊急予備資金と保険との関係

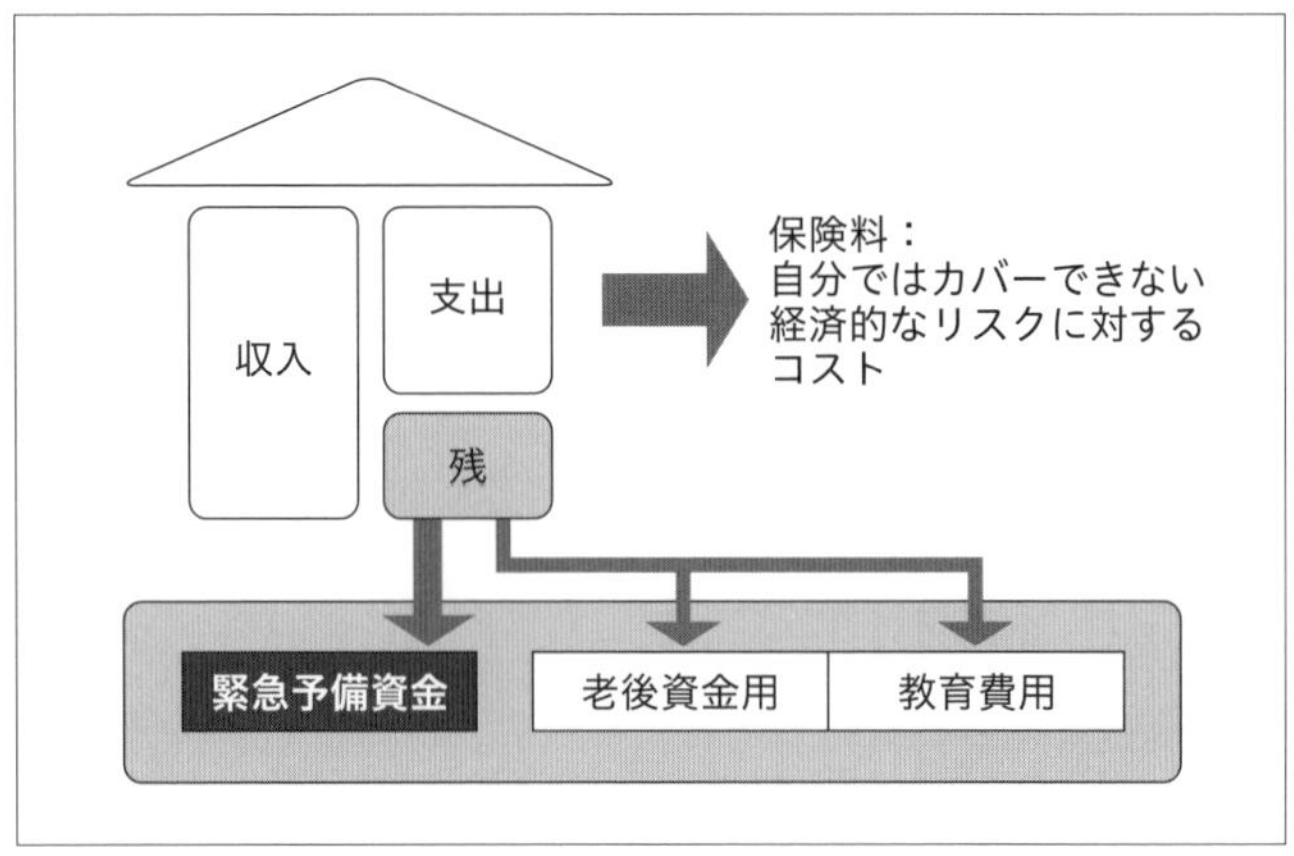

ただし、収入には限りがあり、その中で将来のイベントに向けての貯蓄や運用も考えていかなければならないので、現実には保険に頼る必要があります。

特に家計の担い手が死亡した場合の今後の生活費の補填や、交通事故などで相手を死傷させてしまった場合の賠償金、災害による家屋や家財の破損など、大きな経済的リスクに対しては生命保険や損害保険で準備するのが一般的です。

ところで、緊急予備資金は、どれくらいを目安に準備しておけばよいのでしょうか？　簡易に考える手段として、「生活費の３カ月分」とか「半年の収入分」などいろいろな意見はありますが、人それぞれど

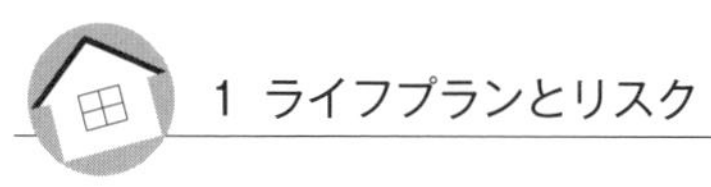

緊急予備資金の考え方

積み上げ派	電化製品の買い替え、家屋の維持管理の費用は毎月積立しているか、予算化していることを前提 **《緊急予備資金》** 冷蔵庫の故障10万円、テレビの故障10万円、失業や休職による減給、災害時などの場合の当面の生活費20万円×６カ月 **合計140万円**
これくらいあれば安心派	・年収の半分あればまずは安心 ・年収分あればひとまず安心 ・毎月の生活費の半年分あれば安心　　など

れくらいが適当かは異なりますし、不測の事態と考えられるすべてに対して準備しておくことも現実的ではないでしょう。そこで、簡易な例を紹介しておきます。個々の事情に当てはめて考えてみてください。

　これら金額を決めたら、その金額が常に一定であるように保つことが大切です。また、現在その金額が手元になければ、まずは緊急予備資金の準備が貯蓄プランの優先事項になるでしょう。

　最近、日本では地震や台風など程度が異なるさまざまな被害が発生しています。保険ですべて解決できた人もいれば、保険で解決できた部分はあったが、その他経済的な不安が残った人もいるでしょう。

緊急予備資金は、「日常」の不測の出費へ備えるお金ですが、災害など「非日常」の時には、当面の生活費になるだけではなく、精神的に安心できる役割も果たします。

いつでも安心できる家計をつくるためには、まずは緊急予備資金の準備からはじめましょう。先々のライフイベントの資金準備も大切ですが、何が起こるかわからない今の世の中では、緊急予備資金はあなたの強い味方になるはずです。

2 リスクの頻度と保険の考え方

●保険は経済的リスク対策の1つ

経済的なリスク対策の方法は保険だけではありませんが、必要な手段であることは間違いありません。保険は大きくわけて、生命保険と損害保険があります。

生命保険は死亡した時、入院した時、高齢になった時に保険金が支払われる保険で、人が対象になる保険です。

一方、損害保険は相手の物を壊したり、相手を死傷させたりするなど、第三者へ損害を与えた場合の補償、自分がケガで入院、通院をした時の治療費の補填、自分の持ち物が壊れた場合の補償という役割があります。

リスクと保険

経済的リスクの原因	対応する代表的な保険
死亡	終身保険、定期保険、定期付終身保険、収入保障保険
病気による入院	医療保険、がん保険、就業不能保険
ケガによる入院	傷害保険、医療保険、就業不能保険
長生き	個人年金保険、変額個人年金保険
火災・地震	火災保険、地震保険
自動車事故	自賠責保険、自動車保険
自転車事故	自転車保険、個人賠償責任保険、傷害保険
賠償責任	個人賠償責任保険

生命保険との大きな違いは、①損害保険には相手の損害に対する補償があること、②生命保険は例えば死亡したら1000万円などあらかじめ契約した金額が支払われる「定額払い」であるのに対し、損害保険は実際の損害額を支払う「実損払い」であることです。

これら保険は、自分だけの力では準備できない、万一の場合のお金の経済的なリスクをカバーしてくれるものであり、その目的や用途によって、さまざまな保険が存在します。

●リスクマップで整理してみる

日常の生活には、たくさんの経済的なリスクが潜んでいますが、それらをすべて保険でカバーするのは現実的ではありません。

そこで考えたいのが「リスクの発生頻度」と「経済的ダメージの度合」です。例えば、大地震が起きる頻度は「低い」が経済的ダメージは「大きい」、軽度の病気やケガの頻度は「高い」が経済的ダメージは「小さい」、といった考え方です。

この考え方で自分の身の回りのリスクを整理してみると、どのリスクを保険で対策しておくべきかが見えてきます。そして、それは上手な保険の見直しになり、無駄な支出のない強い家計づくりへと繋がります。

「リスクの発生頻度」と「経済的ダメージの度合」の考え方を図で表したのが、次ページの「リスクマップ」です。図の右に行けば行くほどリスクの発生頻度が高く、上へ行けば行くほど経済的ダメージが大きいリスクになります。例えば、軽い病気やケガのリスクは、頻度は高いが経済的ダメージは小さい、重度の病気やケガのリスク

日常生活に関係するリスクをまとめた「リスクマップ」（Aさん一家の場合）

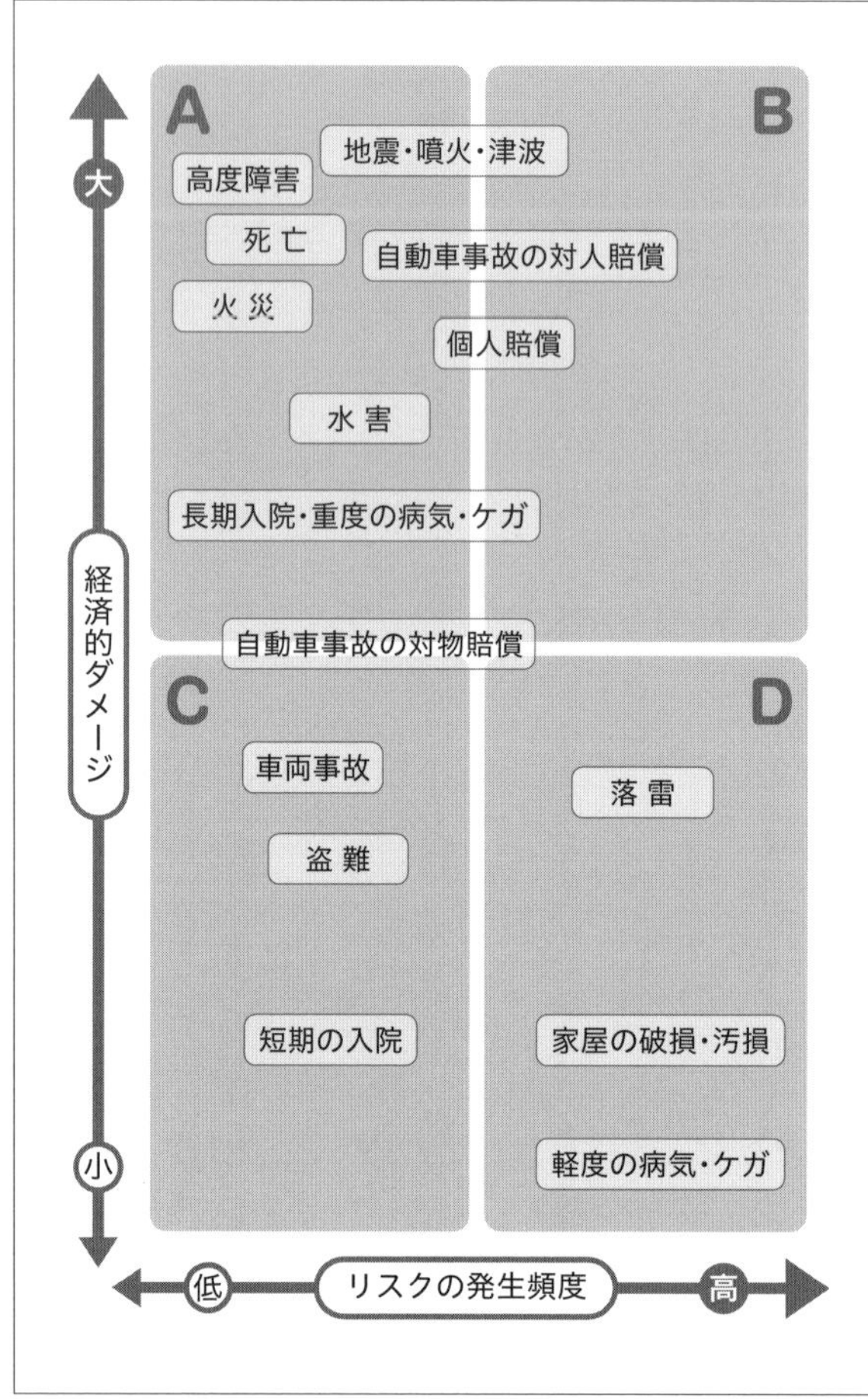

は、頻度は低いが経済的ダメージが大きい、ということが一目でわかります。

リスクマップの４つのエリア

Aエリア	発生頻度は低いが、経済的ダメージが大きいリスク
Bエリア	発生頻度が高く経済的ダメージも大きいリスク
Cエリア	発生頻度が低く経済的ダメージも小さいリスク
Dエリア	発生頻度は高いが、経済的ダメージは小さいリスク

リスクマップは４つのエリアに区分されています。Dのエリアは、日頃の注意や予防によって防げるリスクです。Cのエリアは、Dと同様に予防的な考え方をしつつも、問題が発生した時に適宜対応できるようにしておくことが必要なリスクです。「緊急予備資金」の準備が主な対策と言えます。

AとBのエリアは、自分の力だけでは到底対処できないリスクで、対策としては主に保険を使うことになります。

保険が最も適しているエリアはAです。Bは頻度が高く経済的ダメージが大きいので、保険料がかなり高くなります。Cは頻度が低く経済的ダメージも小さいので、保険料というコストを支払うメリットが薄れます。Dはダメージが小さいですが、頻度が多いため保険料が高くなってしまいます。

現在の保険商品や共済商品は、どのエリアも概ねカバーできますが、全部保険でカバーするとしたら、高額な保険料を毎月支払わなければならないでしょう。

そこで、最優先で考えたいのがＡのエリアです。

Ｃ、Ｄエリアのための商品が多く見られますが、このエリアのリスクに対しては、個々の家計事情によって保険でカバーするか緊急予備資金でカバーするか慎重に考えるべきでしょう。具体的には、医療保険では「入院１日目から出る」ものが主流ですが、果たして保険でカバーする必要があるのか、火災保険では「破損・汚損」といって、子どもが室内で遊んでいてガラスを割ってしまった、物を運んでいるときにドアにぶつかり壊れたなどの事故を対象にすることもできますが、それを保険でカバーする必要があるのか、といったことを考えてみてください。

多くの方が、リスクの内容や保険金の支払いがわかりやすい、損得勘定がしやすい、なんとなく保険金を受け取りやすいという保険に意識がいってしまいがちです。その結果、保険料の支出が多くなってしまったり、万一の時に本当に必要なリスク対策が不十分になったりする傾向が見られます。

個々の家計や貯蓄状況によって、どこまでを保険でカバーすべきか異なりますし、理屈抜きで、保険に加入することが精神安定剤になるかもしれません。しかし、リスク対策＝保険ではなく、「予防」や「緊急予備資金」といった手段もあることを知っておいてください。

●保険を見直そう

「保険はお守り」とよく言われますが、確かに保険に加入することによる安心感のおかげで、健康でいられたり、事故を起こしにくくなったりするかもしれません。しかし、ここは一度冷静になって、現在加入している保険の見直しを考えてみましょう。

見直しをするときには、ファイナンシャルプランナーや担当の保険代理店などに、自分のケースにあてはめて具体的に実行を助けてもらうのがベストですが、その前に自分の保険についてちゃんと把握しておくこと、方向性や希望を言えるようにしておくことが大切です。

■見直しの着眼点その1：現在加入している保険の洗い出し

見直しの前に、まずは加入している保険をすべて洗い出します。会社員の場合は、会社で団体加入した保険を忘れがちですので、確認してみてください。自営業の場合は商工会や業種別の団体などで加入している保険がないかも要チェックです。

加入している保険が出そろったら、「主に何を保障する保険か」「保険期間はいつまでか」「保険料はいくらか」という3つのポイントを、一覧にするなどして最低限整理しておきましょう。

■見直しの着眼点その2：重複した保険がないか確認

生命保険には「主契約」、損害保険には「基本補償」と呼ばれる、基本となる契約内容があり、それに付帯できる特約があります。保険の内容を正確に知るには、主契約と特約を把握することが大切です。主契約や基本補償は、解約すると保険が終了してしまいますが、特約の場合のほとんどが取り外し自由です。

加入している保険の中には重複した特約があったり、同じ内容の主契約や特約に重複して加入していたりするケースもあります。重複している保障は見直しの対象になりやすいので、自分でできるかぎり洗い出しておきましょう。

重複保険のチェックポイント（主な特約）

特約	付帯されている保険	ポイント
入院特約	生命保険	定期保険や終身保険の特約で加入しているが、医療保険にも加入している。また、個人年金保険にも入院特約が付いているなど
傷害特約	生命保険	傷害保険に加入しているが、定期保険や終身保険に傷害特約や特定損傷特約が付いているなど
個人賠償責任補償特約	損害保険	日常生活において他人に損害を与えた場合の賠償責任を補償。主に傷害保険や火災保険、自動車保険、クレジットカードに付いていて、家族全員が補償の対象であるため一家に1つで十分
弁護士費用特約	損害保険	事故の被害にあった場合、加害者に対しての損害賠償請求を弁護士に依頼してかかった費用を補償。主に自動車保険や傷害保険に付いて、家族全員が補償の対象であるため一家に１つで十分

保険の見直しの主なチェックポイント

保険種類	主なチェックポイント
定期保険などの大型の死亡保険	万一の場合の遺族の生活資金として、今の家族状況と今後のライフプランに見合った金額や期間になっているか
終身保険	主に死後の整理費用として利用されるが、必要かどうか
医療保険・がん保険	すべてを保険に頼る必要があるかどうか。そのうえで、保険金額は多すぎないかどうか。自分の加入している健康保険制度でどれくらいカバーできるか
自動車保険	・車両保険の金額と種類、そもそも必要かどうか ・対人対物賠償は無制限補償になっているか ・人身傷害補償、搭乗者傷害補償は両方必要か ・付帯されている特約は必要か
火災保険・地震保険	・評価額の過不足がないか ・自分の家屋の状況などを考えて補償内容に無駄がないか
傷害保険	現在の生活状況におけるケガの頻度を考えた上で、保険に頼る必要があるかどうか
個人賠償責任補償特約	日常生活における賠償事故を安価な保険料で実現できる。あまり目立たない特約だが、自転車の賠償事故の備えにもなる。賠償事故の大小問わず使えるので一家に１つ検討してみる

■見直しの着眼点その3：保険と緊急予備資金のバランスを考える

リスク対策では、もっとも大切な考え方です。リスク対策は保険がすべてではありません。日頃の予防策から手元現金である緊急予備資金の準備もリスク対策です。

現在加入している保険の内容を見て、保険に頼るべきものかどうか、頼るならどれくらいの金額か、など、まずは自分なりの目安を考えてみることが大切です。

保険で準備すること、緊急予備資金で準備すること、予防で対処すべきこと、という考え方をすると、現在加入している保険で必要なものとそうでないものが明確になりますし、必要であるならどれくらい必要になりそうかも見えてきます。

このように考えていくと、今までリスク対策＝保険で支出していた保険料は、リスク対策費用＝予防費用＋緊急予備資金＋保険料、という目的が明確になった支出に変わります。

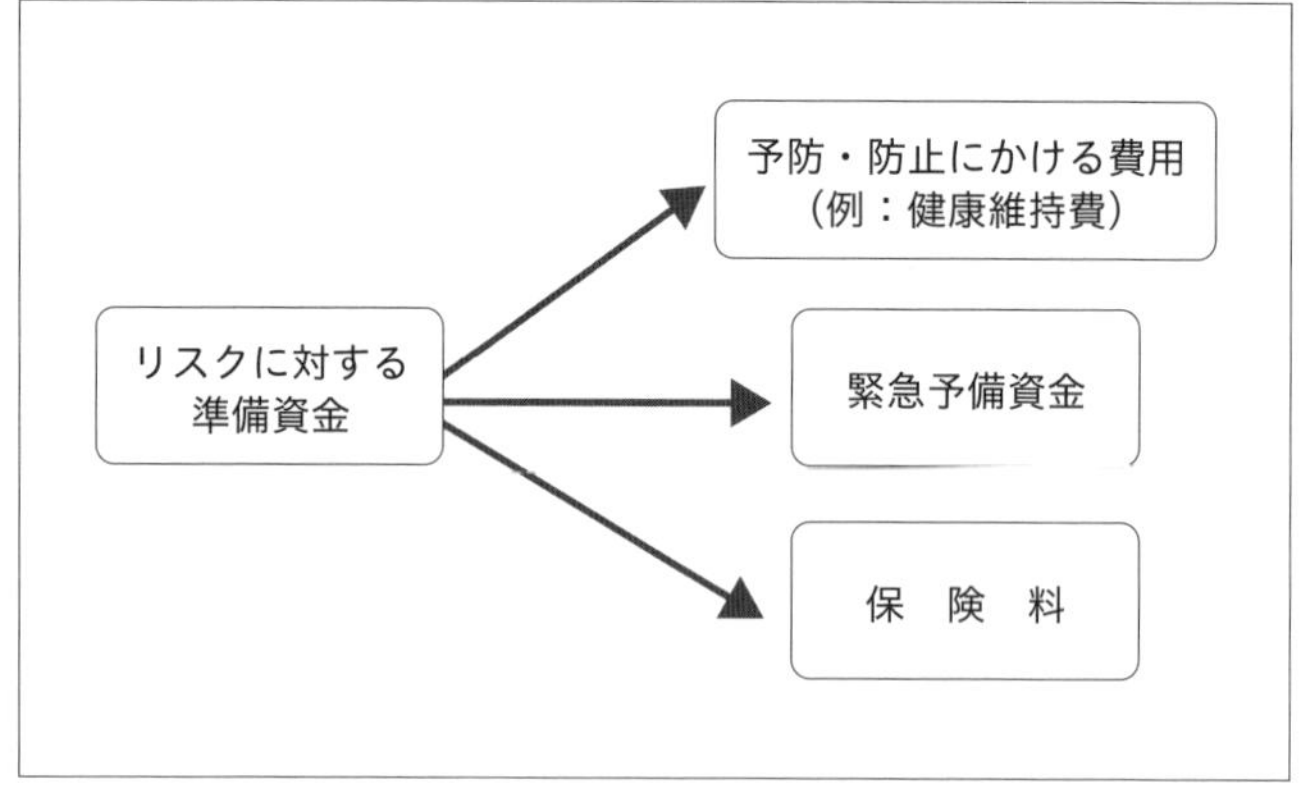

保険の見直しというと、なんとか保険料を減らそうとか、よりよい内容の保険に切り替えようという理由が先行して、見直しをしているケースが多く見られますが、上手な見直しをするには「リスク対策の方法は保険だけではない」という入り口から入っていくことが大切です。

3 災害時に知っておきたいお金のこと

ここからは、緊急予備資金の準備と適切な保険の利用の方法以外に、知っておきたい災害時のお金の情報を、整理してお話しします。

●住宅ローンの取り扱い

■ケース1：災害で住宅が被害を受けた場合の住宅ローンの支払い

住宅が被害を受け、住めなくなったとしても住宅ローンの返済はなくなりません。ただし、当面は生活を再建するために少しでも多くのお金が必要になります。通常、住宅ローンの返済が滞ると延滞となってしまいますが、災害時においては、金融機関も被災者とわかればその後、延滞を取り消してくれます。早急に手続きをしなくても大丈夫ですので、手続きできるようになってから、金融機関に連絡をするようにしてください。

なお、支払いが厳しい場合にも、金融機関は相談に応じてくれます。当面の間、元金を据え置く（返済しない）ことも可能です。住宅金融支援機構では、東日本大震災や暴風雨や洪水で被害を受けた場合の返済の特例があります。り災割合による元金据置期間の延長や元金据置期間の金利の引下げ、その利息分の支払い繰り延べなどです。

■ケース２：災害で収入が減ってしまった場合のローン返済の見直し

返済の据え置き、返済期間の延長、返済額の引下げなど、返済方法の見直しができます。

①返済額を引き下げる

返済期間を延長することで毎月の返済額を引き下げることができます。ただし、期間が延びる分、総返済額は多くなります。なお、当面の間返済額を引き下げてもらい、生活の目途がついた時点で再度返済額を多くすることも可能です。

②元金返済を据え置く

当面の間、返済額をできる限り少なくしたい場合には、金融機関に相談することで元金返済を据え置くことも可能です。通常はこの間、利息のみの支払になりますが、住宅金融支援機構では、据置期間中の利息分を将来の返済に繰り延べる方法もあります。これによって、据置期間中の返済額をゼロにすることもできます。

住宅金融支援機構では、災害により住宅が損害を受けた場合のみならず、収入が著しく減少した場合や、債務者本人や家族が死亡したために返済が厳しくなった場合なども対象としています。

民間金融機関においては、個別対応となりますが、まずは相談に行ってみることをお勧めします。

■ケース３：家の再建のための借入れ

住宅金融支援機構では低金利の災害復興住宅融資が、民間金融機関においても災害復旧のためのローンがあります。

①住宅金融支援機構「災害復興住宅融資」

住宅金融支援機構で行っている「災害復興住宅融資」は、災害により被害が生じた住宅の所有者・居住者で、地方公共団体からり災証明書の発行を受けた場合に利用できる融資です。一般の住宅ローンよりも低金利で利用できることが特徴です。東日本大震災で被災された方向けの基本融資額の部分については、別途金利が定められていて、当初５年間は金利ゼロ％、５年間は元金据置期間とすることもできるようになっています。

「建設・購入資金」は、住宅が全壊した旨の「り災証明書」の発行を受けた人が利用できるものです。なお、大規模半壊、半壊であっても、住宅の修復が不可能または困難な場合にも利用できる場合があります。新築住宅なのか、中古住宅なのか等によって融資限度額や最長返済期間は異なります（詳細は巻末資料参照）。

「補修資金」は、住宅に被害を受けた旨の、り災証明書の発行を受けた場合に利用できます。また、東日本大震災では、住宅に被害はなかったが、よう壁が損壊したなど宅地の補修について「災害復興宅地融資」を利用することができました。

なお、これらの融資は、いずれも、60歳以上の親のために借入れする「親孝行ローン」で利用することもできます。

災害復興住宅融資の金利
（2020年８月現在の金利）

【建設・購入】
●基本融資額
全期間　0.44％

●特例加算
全期間　1.34％

【補修】
全期間　0.44％

②民間金融機関の融資

民間金融機関でも被災した方向けの特別の住宅ローンを取り扱っている場合があります。店頭金利から一定の金利を引き下げて、低い金利での融資、また、一定期間は元金据え置きなどで、負担を少なく利用してもらうものになっています。

●二重ローンに関する取り扱い

住宅ローンが残っている住宅が倒壊等で住めなくなってしまった場合、新たな住宅の取得や大規模な補修のため、さらに借入れをするということがあります。返済の負担が増えたり、従前の借入れが大きいために新たな借入れが困難な場合もあり、「二重ローン問題」として取り上げられています。

自然災害の影響で、負担を抱えたままでは生活を再建することが難しい人について、破産等の法的な手段ではなく、金融機関と調整の上、借入れの減額や免除をしてもらえる「自然災害による被災者の債務整理に関するガイドライン」があります。今後の新たな借入れも可能になる、弁護士等の登録支援専門家による手続支援を無料で受けることができる、財産の一部を手元に残せるなどのメリットがあります。

そもそも借入金が返済できない場合には「自己破産」や「民事再生」などの法的整理の方法もあります。災害などの緊急時には金融機関に相談したうえで、返済にあまり気をとられることなく、まずは自分の生活の立て直しを優先しましょう。

自然災害による被災者の債務整理に関するガイドライン

※平成27年9月2日以降に災害救助法の適用を受けた自然災害が該当

■対象となる人

・個人や個人事業主
・災害発生以前はきちんと返済していた人
・災害の影響により、住宅ローンや事業性ローン等の返済ができない、または近い将来返済ができないことが確実と見込まれる人

■手続きの流れ

・最も多く借り入れをしている金融機関へ、このガイドラインによる債務整理の手続きの着手を希望することを申し出。
↓
・地元弁護士会などを通じて、全国銀行協会に対し、「登録支援専門家」による手続きの支援を依頼。
↓
・金融機関に債務整理を申し出、必要書類を提出。この申し出の後は、債務の返済や督促は一時停止となる。
↓
・債務整理の内容（調停条項案）を登録支援専門家の支援を受けながら作成し、金融機関に提出・説明。
↓
・すべての借り入れ先から同意が得られたら、簡易裁判所へ特定調停を申し立て。特定調停手続きにより調停条項が確定すれば債務整理成立。

■メリット

・債務整理したことが個人信用情報として登録されないので、新たな借り入れも可能。
・財産の一部をローンの支払いに充てずに手元に残すことができる。
・弁護士等「登録支援専門家」による手続支援を無料で受けることができる。

※東日本大震災により被害を受けた個人は、上記とは別に「個人債務者の私的整理に関するガイドライン」が適用できます。

●通帳がなくなった場合

地震や台風・豪雨などで通帳や印鑑を失ってしまった場合でも、本人確認ができれば現金の引き出しが可能です。

大規模な災害の際には、手元に通帳も印鑑もキャッシュカードもないという場合であっても、運転免許証やパスポートなど本人確認ができるものがあれば、金融機関は預金の払い戻しに応じるようにと財務省等からの要請が出ます。事情によっては定期預金の期限前払い戻しにも応じてくれますので、相談に行ってみましょう。

預金者本人が亡くなってしまった場合などは、本来であれば戸籍等で法定相続人の確認などを行わなくてはなりませんが、東日本大震災の場合には、状況によっては、親族に限り、氏名・生年月日を確認するなどで、柔軟に対応しているところもあったようです。

●マンションを契約していた場合

新築マンションの引渡し前に、天災地変等で建物に損害が生じた場合でも、契約は簡単にキャンセルすることはできません。

また、損害の修復には時間がかかるため引渡しが延期されることや、それを理由にした賠償請求もできないことになっています。

それでも契約をキャンセルしたいときは、契約時に支払った手付金を放棄したうえで契約を解除しなければなりません（一定の期間まで。一定期間を超えると違約金が発生するときがあります）。

ただし、損害の程度が甚大なときは、売主は本契約を解除し、その場合に限りすでに受領済みの手付金を買主に無利息で返還することになっています。

「不安だから」とか「心配だから」といった理由だけでは、契約を簡単にはキャンセルできないのです。

●緊急資金としての保険の活用

緊急予備資金は、日々の貯蓄によって万一の時のために準備していくことになりますが、緊急資金として、一時的にでも保険を活用することができます。

終身保険や養老保険などの貯蓄性の高い保険や一部定期保険では、解約した場合の払戻金（解約返戻金）の範囲内で「契約者貸付制度」を利用して、お金を借りることができます。借りたお金の使途は問いません。借りることができるお金の目安は、その時点での解約返戻金の約６割～９割で、金利はその保険を契約した時期やその時の金利状況によって決まります。

返済は一括で返すこともできますし、ある程度まとまったお金ができてから返すこともできます。しかし、ずっと返済せずにいて、元利金が解約返戻金をオーバーしてしまうと、その契約は失効してしまいますので注意が必要です。また、返済する前に死亡したり満期を迎えたりした場合は、元利金と相殺されて保険金が支払われます。

生命保険だけではなく、損害保険の積立傷害保険でも同じように契約者貸付を利用することができます。また、中小企業事業者や個人事業主が利用できる小規模企業共済に加入している人であれば、災害時には「傷害災害時貸付制度」を利用することができます。掛金納付月数に応じて掛金の7割～9割の貸付を受けることが可能です（限度額あり）。

多くの保険会社では、災害救助法適用地域で被災した契約者に対して、契約者貸付の金利に特別金利を適用しています。また、小規模企業共済では特例の災害時貸付を実施して無利子で貸付を実施しています。

自分が加入している保険で契約者貸付が可能な商品はあるか、ある場合はどれくらいの金額が可能かを把握しておけば、万一の時にすぐに現金を準備することができます。

契約者貸付を利用できる主な保険の種類

終身保険	低解約返戻金型の終身保険では普通の終身保険に比べて貸付金額が低くなります。終身保険は継続すればするほど解約返戻金が増えていく仕組みなので、長く継続している人ほど借り入れ可能金額が増えていきます。
定期保険	保険期間が長期間の定期保険では契約者貸付ができる保険会社があります。長期の定期保険では保険期間中、解約返戻金が多くなる時期がありますが、ある時期から満期に向かうにつれて解約返戻金は減少していきます。よって借りたままでいると、解約返戻金が減少していく過程において、元利金が解約返戻金を超えてしまい、契約が失効する可能性もあるので注意が必要です。
養老保険、 学資保険、 個人年金保険、 積立傷害保険	将来必要な資金を積み立てるために貯蓄目的で利用する保険商品ですので、契約者貸付はあくまで緊急資金の一時的な借り入れの利用にとどめましょう。

●災害時の公的支援制度

大きな災害については頻度が少ないため、その時に利用できる公的な支援についてほとんどの人が知らずにいたのが現状です。東日本大震災によって、それら公的支援制度が注目されました。保険などを使ったリスク対策だけでなく、どのような公的支援制度があるかを把握しておくことも大切です。

公的支援制度には大きく分けて、「経済・生活面の支援」「住まい確保・再建のための支援」「中小企業・自営業者への支援」「安全な地域づくりへの支援」があります。支援の種類（方法）は、実際に現金を受け取る「給付」、無利子あるいは低利でお金を借りることができる「貸付」「融資」、住宅の応急修理や公営住宅への入居、葬儀の実施などを実際に受ける「現物支給」、税金や授業料の「軽減」「免除」、納税の「猶予」や税務申告の「延長」などがあります。

申請窓口は概ね市区町村ですが、その支援制度により健康保険組合、住宅金融支援機構、社会福祉協議会など、窓口が異なっています。制度によっては自治体独自の実施内容もありますので確認してみてください。

■亡くなった時、ケガをした時の生活支援：災害弔慰金、災害障害見舞金

災害により死亡した人の遺族に対して、災害弔慰金が支払われる制度です。また災害により身体に著しい障害が出た場合には、災害障害見舞金が支給されます。災害時の死亡保障や障害保障のプラスαとして考えることができる制度です。

■当面の生活費を支援：災害援護資金、雇用保険の失業給付、未払賃金立替払制度

「災害援護資金」は、災害によりケガをした場合や住居や家財に損害を受けた場合に、生活再建に必要な資金を借りることができる制度です（所得制限あり）。所定の据置期間中（3年もしくは5年）は、無利子で借りることができます。また、休職を余儀なくされた、勤め先が倒産してしまった場合は雇用保険の失業給付を利用することができます。賃金が支払われないまま退職しなければならなかった人は、労働者健康安全機構が未払金の一部を立て替える、「未払賃金立替払制度」を利用することができます。

■生活再建支援：被災者生活再建支援制度

災害により住宅が全壊するなど、生活基盤に著しい被害を受けた世帯に対して支援金を給付する制度です。給付金ですので、災害時の保険として考えることができる制度です。

この他にも多くの制度がありますが、利用できる基準が定められています。制度の詳細については災害が起こったあとではなく、市町村窓口で確認できることは事前に整理しておくことをお勧めします。

被災者支援に関する各種制度の概要

<table>
<tr><th>目的</th><th>支援種類（方法）</th><th>制度名</th><th>窓口</th></tr>
<tr><td rowspan="13">経済・生活面の支援</td><td rowspan="4">給付
その他</td><td>災害弔慰金</td><td>市町村</td></tr>
<tr><td>災害障害見舞金</td><td>市町村</td></tr>
<tr><td>雇用保険の失業給付</td><td>公共職業安定所</td></tr>
<tr><td>未払賃金立替払制度</td><td>労働者健康安全機構</td></tr>
<tr><td rowspan="4">融資・貸付</td><td>災害援護資金</td><td>市町村</td></tr>
<tr><td>年金担保貸付・
労災年金担保貸付</td><td>福祉医療機構</td></tr>
<tr><td>恩給担保貸付</td><td>日本政策金融公庫</td></tr>
<tr><td>生活福祉資金制度による貸付</td><td>都道府県
市町村
社会福祉協議会</td></tr>
<tr><td rowspan="4">軽減、猶予
延長、免除</td><td>地方税の特別措置</td><td>都道府県
市町村</td></tr>
<tr><td>国税の特別措置</td><td>税務署</td></tr>
<tr><td>医療保険、介護保険の保険料、窓口負担の減免措置等</td><td>各医療保険者・介護保険者</td></tr>
<tr><td>放送受信料の免除</td><td>日本放送協会</td></tr>
<tr style="display:none"></tr>
<tr><td rowspan="4">住まい確保・再建のための支援</td><td>給付</td><td>被災者生活再建支援制度</td><td>都道府県
市町村</td></tr>
<tr><td>融資・貸付</td><td>災害復興住宅融資</td><td>住宅金融支援機構</td></tr>
<tr><td rowspan="2">現物支給</td><td>公営住宅への入居</td><td>都道府県
市町村</td></tr>
<tr><td>住宅の応急修理</td><td>都道府県
市町村</td></tr>
<tr><td rowspan="2">中小企業・自営業者への支援</td><td rowspan="2">融資・貸付</td><td>天災融資制度</td><td>市町村</td></tr>
<tr><td>災害復旧貸付</td><td>日本政策金融公庫</td></tr>
</table>

（R1.11.1現在）

●公的支援を受けるには「り災証明書」が必要

災害時の公的支援制度や保険金の請求、住宅ローン関係の手続きなど、災害による各種支援を受けるには、り災証明書は欠かせません。り災証明書の発行は、各地方自治体で行っています。申請書（自治体により書式は異なる）と被害状況がわかる写真を添えて提出します。写真は、「建物の全景」「建物の壊れた箇所」、「建物の傾き」など、被害状況をはっきり確認できる写真を複数枚用意することが大切です。写真が難しい場合は、被害程度がわかる工事見積もりでも受け付けてくれる場合があります。提出後、調査員が建物の被害認定調査をした後、り災証明書が発行されます。

災害時のことですので、写真の有無や申請の際に必要な本人確認書類については適宜対応がされますので窓口に確認してみましょう。

り災届出証明書（ある市の例）

第１号-②様式

証明番号	証第　　　　号

り災（届出）証明申請書

令和　　年　　月　　日

＿＿＿＿＿＿ 区 長

〔申請者〕
住　所 ＿＿＿＿＿＿
氏名（代表者）＿＿＿＿＿＿
電話（　　　）　　－
現在の連絡先　住所＿＿＿＿＿＿
＿＿＿＿＿＿
電話（　　　）　　－

〔代理人〕
住　所 ＿＿＿＿＿＿
氏名（代表者）＿＿＿＿＿＿
電話（　　　）　　－
申請者との関係 ＿＿＿＿＿＿

り 災 場 所	○○市　　　　区 （アパート等の場合，名称）	
り 災 住 家 等	□住　家（□持家／□借家） □非住家（　　　　　）	
申請者とり災住家等の関係	□所有者　□管理者　□占有者　□借家人　□その他（　　　　　）	
り災日時及びり災理由	平成　　年　　月　　日（　）　　時　　分頃 理由：＿＿＿＿＿＿による	
り災届出内容		
証明必要数及び必要理由等	通	（理由，提出先等）
備　　考	・この証明は，民事上の権利義務関係に効力を有するものではありません。 ・記入上の留意点は，裏面を参照してください。 ・建物が被災された方で，現在の連絡先が変更となった場合は，資産所在区へご連絡ください。	

り災届出証明書

上記のとおり，り災届出がなされたことを証明します。

令和　　年　　月　　日

○○市長　○○○○　　印

被災者支援に関する各種制度の概要

1　経済・生活面の支援

制度の名称	災害弔慰金
支援の種類	給付
制度の内容	●災害により死亡された方のご遺族に対して、災害弔慰金の支給等に関する法律に基づき、災害弔慰金を支給します。 ●災害弔慰金の支給額は次のとおりです。 ・生計維持者が死亡した場合：市町村条例で定める額（500万円以下）を支給 ・その他の者が死亡した場合：市町村条例で定める額（250万円以下）を支給
活用できる方	●災害により死亡した方のご遺族です。 ●支給の範囲・順位 ・1. 配偶者、2. 子、3. 父母、4. 孫、5. 祖父母 ・上記のいずれも存しない場合には兄弟姉妹（死亡した者の死亡当時その者と同居し、又は生計を同じくしていた者に限る） ※対象となる災害は、自然災害で1市町村において住居が5世帯以上滅失した災害等です。
お問い合わせ	市町村

制度の名称	災害障害見舞金
支援の種類	給付
制度の内容	●災害による負傷、疾病で精神又は身体に著しい障害が出た場合、災害弔慰金の支給等に関する法律に基づき、災害障害見舞金を支給します。 ●災害障害見舞金の支給額は次のとおりです。 ・生計維持者が重度の障害を受けた場合：市町村条例で定める額（250万円以下）を支給 ・その他の者が重度の障害を受けた場合：市町村条例で定める額（125万円以下）を支給
活用できる方	●災害により以下のような重い障害を受けた方です。 1. 両眼が失明した人 2. 咀嚼（そしゃく）及び言語の機能を廃した人 3. 神経系統の機能又は精神に著しい障害を残し、常に介護を要する人 4. 胸腹部臓器の機能に著しい障害を残し、常に介護を要する人 5. 両上肢をひじ関節以上で失った人 6. 両上肢の用を全廃した人 7. 両下肢をひざ関節以上で失った人 8. 両下肢の用を全廃した人 9. 精神又は身体の障害が重複する場合における当該重複する障害の程度が前各項目と同程度以上と認められる人 ※対象となる災害は、自然災害で1市町村において住居が5世帯以上滅失した災害等です。
お問い合わせ	市町村

<table>
<tr><td>制度の名称</td><td>被災者生活再建支援制度</td></tr>
<tr><td>支援の種類</td><td>給付</td></tr>
<tr><td>制度の内容</td><td>
●災害により居住する住宅が全壊するなど、生活基盤に著しい被害を受けた世帯に対して支援金を支給します。
●支給額は、下記の2つの支援金の合計額になります。
（世帯人数が1人の場合は、各該当欄の金額が3／4になります。）
■住宅の被害程度に応じて支給する支援金（基礎支援金）
<table>
<tr><th rowspan="2"></th><th colspan="2">住宅の被害程度</th></tr>
<tr><th>全壊等</th><th>大規模半壊</th></tr>
<tr><td>支給額</td><td>100万円</td><td>50万円</td></tr>
</table>
■住宅の再建方法に応じて支給する支援金（加算支援金）
<table>
<tr><th rowspan="2"></th><th colspan="3">住宅の再建方法</th></tr>
<tr><th>建設・購入</th><th>補修</th><th>賃借
（公営住宅を除く）</th></tr>
<tr><td>支給額</td><td>200万円</td><td>100万円</td><td>50万円</td></tr>
</table>
※一旦住宅を賃借した後、自ら居住する住宅を建設・購入（又は補修）する場合は、合計で200（又は100）万円。
●支援金の使途は限定されませんので、何にでもお使いいただけます。

詳しくは、内閣府の防災情報のページ
http://www.bousai.go.jp/taisaku/hisaisyagyousei/index.html
「被災者生活再建支援法の概要」を参照してください。
</td></tr>
<tr><td>活用できる方</td><td>
●住宅が自然災害（地震、津波、液状化等の地盤被害等）により全壊等（※）又は大規模半壊した世帯が対象です。
（※）下記の世帯を含みます。
■住宅が半壊し、又は住宅の敷地に被害が生じた場合で、当該住宅の倒壊防止、居住するために必要な補修費等が著しく高額となること、その他これらに準ずるやむを得ない事由により、当該住宅を解体し、又は解体されるに至った世帯
■噴火災害等で、危険な状況が継続し、長期にわたり住宅が居住不能になった世帯（長期避難世帯）
●被災時に現に居住していた世帯が対象となりますので、空き家、別荘、他人に貸している物件などは対象になりません。
※対象となる災害は、自然災害で1市町村において住居が10世帯以上全壊した災害等です。
</td></tr>
<tr><td>お問い合わせ</td><td>都道府県、市町村</td></tr>
</table>

<table>
<tr><th>制度の名称</th><th colspan="3">災害援護資金</th></tr>
<tr><td>支援の種類</td><td colspan="3">貸付（融資）</td></tr>
<tr><td rowspan="15">制度の内容</td><td colspan="3">●災害により負傷又は住居、家財の損害を受けた方に対して、災害弔慰金の支給等に関する法律に基づき、生活の再建に必要な資金を貸し付けます。貸付限度額等は次のとおりです。</td></tr>
<tr><td rowspan="11">貸付限度額</td><td colspan="2">①世帯主に１か月以上の負傷がある場合</td></tr>
<tr><td>ア　当該負傷のみ</td><td>150万円</td></tr>
<tr><td>イ　家財の３分の１以上の損害</td><td>250万円</td></tr>
<tr><td>ウ　住居の半壊</td><td>270万円</td></tr>
<tr><td>エ　住居の全壊</td><td>350万円</td></tr>
<tr><td colspan="2">②世帯主に１か月以上の負傷がない場合</td></tr>
<tr><td>ア　家財の３分の１以上の損害</td><td>150万円</td></tr>
<tr><td>イ　住居の半壊</td><td>170万円</td></tr>
<tr><td>ウ　住居の全壊（エの場合を除く）</td><td>250万円</td></tr>
<tr><td>エ　住居の全体の滅失又は流失</td><td>350万円</td></tr>
<tr><td colspan="2"></td></tr>
<tr><td>貸付利率</td><td colspan="2">年３％以内で条例で定める率（据置期間中は無利子）</td></tr>
<tr><td>据置期間</td><td colspan="2">３年以内（特別の場合５年）</td></tr>
<tr><td>償還期間</td><td colspan="2">10年以内（据置期間を含む）</td></tr>
<tr><td>活用できる方</td><td colspan="3">●以下のいずれかの被害を受けた世帯の世帯主が対象です。
1．世帯主が災害により負傷し、その療養に要する期間が概ね1か月以上
2．家財の1／3以上の損害
3．住居の半壊又は全壊・流出
●所得制限があります。表の額以下の場合が対象です。
<table><tr><th>世帯人員</th><th>市町村民税における前年の総所得金額</th></tr><tr><td>１人</td><td>220万円</td></tr><tr><td>２人</td><td>430万円</td></tr><tr><td>３人</td><td>620万円</td></tr><tr><td>４人</td><td>730万円</td></tr><tr><td>５人以上</td><td>1人増すごとに730万円に30万円を加えた額。
ただし、住居が滅失した場合は1,270万円とします。</td></tr></table>※対象となる災害は、自然災害で都道府県において災害救助法が適用された市町村が1以上ある場合などの災害です。</td></tr>
<tr><td>お問い合わせ</td><td colspan="3">市町村</td></tr>
</table>

<table>
<tr><th>制度の名称</th><th>生活福祉資金制度による貸付(緊急小口資金・福祉費(災害援護費))</th></tr>
<tr><td>支援の種類</td><td>貸付（融資）</td></tr>
<tr><td>制度の内容</td><td>●生活福祉資金は、金融機関等からの借入が困難な低所得世帯、障害者世帯や高齢者世帯に対して、経済的な自立と生活の安定を図るために必要な経費を貸し付けるものです。
●生活福祉資金には、「緊急かつ一時的に生計の維持が困難となった場合の少額の費用（緊急小口資金）」や「災害を受けたことにより臨時に必要となる費用（福祉費（災害援護費））」についての貸付があります。それぞれの貸付限度額等は次のとおりです。

■緊急小口資金
<table>
<tr><td>貸付限度額</td><td>10万円以内</td></tr>
<tr><td>貸付利率</td><td>無利子</td></tr>
<tr><td>据置期間</td><td>貸付けの日から2月以内</td></tr>
<tr><td>償還期間</td><td>据置期間経過後12月以内</td></tr>
</table>
■福祉費（災害援護費）
<table>
<tr><td>貸付限度額</td><td>150万円（目安）</td></tr>
<tr><td>貸付利率</td><td>連帯保証人を立てた場合：無利子
連帯保証人を立てない場合：年1.5%</td></tr>
<tr><td>据置期間</td><td>貸付けの日から6月以内</td></tr>
<tr><td>償還期間</td><td>据置期間経過後7年以内（目安）</td></tr>
</table>
●なお、大規模災害時には、貸付対象世帯の拡大や、据置期間や償還期間の拡大などの特例措置を実施することがあります。
●このほか、生活福祉資金には、総合支援資金、教育支援資金、不動産担保型生活資金があります。詳しくは、都道府県社会福祉協議会またはお住まいの地域の市町村社会福祉協議会にご相談ください。</td></tr>
<tr><td>活用できる方</td><td>●低所得世帯、障害者世帯又は高齢者世帯
●福祉費（災害援護費）については、災害弔慰金の支給等に関する法律の災害援護資金の対象となる世帯は適用除外</td></tr>
<tr><td>お問い合わせ</td><td>都道府県社会福祉協議会または市町村社会福祉協議会</td></tr>
</table>

<table>
<tr><td>制度の名称</td><td>年金担保貸付、労災年金担保貸付</td></tr>
<tr><td>支援の種類</td><td>貸付（融資）</td></tr>
<tr><td>制度の内容</td><td>●国民年金、厚生年金保険、労災年金を担保に、保健・医療や住宅改修資金などを融資するものです。
●貸付限度額等は次のとおりです。
<table>
<tr><td>貸付限度額</td><td>次のうち最も低い額
・年金額の0.8倍以内
・各支払期の返済額の15倍以内（原則2年半で返済できる額）
・200万円以内（一部の使途は80万円以内）</td></tr>
<tr><td>対象経費</td><td>住宅などの資金や事業資金</td></tr>
<tr><td>保証人等</td><td>年金証書を預けるとともに、信用保証制度の加入または1名以上の連帯保証人が必要</td></tr>
</table>
※金利については独立行政法人福祉医療機構ホームページ(http://www.wam.go.jp/hp/wp-content/uploads/20181003nentan.pdf)又は下記の問い合わせ先にご確認ください。</td></tr>
<tr><td>活用できる方</td><td>●年金受給者の方が対象です。</td></tr>
<tr><td>お問い合わせ</td><td>独立行政法人福祉医療機構　電話03－3438－0224（厚生年金、労災年金等）</td></tr>
</table>

制度の名称	**小・中学生の就学援助措置**
支援の種類	給付・還付
制度の内容	●被災により、就学が困難な児童・生徒の保護者を対象に、就学に必要な学用品費、新入学用品費、通学費、校外活動費、学校給食費等を援助します。
活用できる方	●被災により、就学が困難となった児童・生徒の保護者。なお、避難をされている方も、この制度を活用することができます。
お問い合わせ	都道府県、市町村、学校

制度の名称	**高等学校授業料等減免措置**
支援の種類	減免・猶予
制度の内容	●災害による経済的な理由によって授業料等の納付が困難な生徒を対象に、授業料、受講料、入学料及び入学者選抜手数料等を徴収猶予又は減額、免除します。
活用できる方	●地方公共団体の長が天災その他特別の事情のある場合において減免を必要とすると認める方が対象です。
お問い合わせ	都道府県、市町村、学校

制度の名称	大学等授業料等減免措置
支援の種類	減免・猶予（延長・金利の引き下げ含む）
制度の内容	●災害により、家計が急変した等の理由により授業料等の納付が困難な学生を対象に、各学校（大学、短期大学、大学院、高等専門学校）において授業料等の減額、免除を行います。 ※具体的な基準や減免額などは、学校ごとに異なります。
活用できる方	●各大学等において、減免等を必要とすると認める方が対象です。
お問い合わせ	在籍する各学校（授業料担当窓口）

制度の名称	公共料金・使用料等の特別措置
支援の種類	減免・猶予（延長・金利の引き下げ含む）
制度の内容	●災害により被害を受けた被災者に対しては、都道府県や市町村において、各自治体が所管する公共料金や施設使用料、保育料等が軽減・免除されることがあります。 ●電気、ガス、電話料金等についても、各種料金の軽減・免除が実施されることがあります。
活用できる方	●対象者については、都道府県、市町村、関係事業者が定めることになります。
お問い合わせ	都道府県、市町村、関係事業者

制度の名称	未払賃金立替払制度
支援の種類	立替（債権者向け）
制度の内容	●企業倒産により賃金が支払われないまま退職した労働者に対して、未払賃金の一部を、独立行政法人労働者健康安全機構が事業主に代わって支払います。 ●対象となる未払賃金は、労働者が退職した日の6カ月前から立替払請求日の前日までに支払期日が到来している定期賃金と退職手当のうち未払となっているものです(上限有り)。ボーナスは立替払の対象とはなりません。また、未払賃金の総額が2万円未満の場合も対象とはなりません。 ●立替払した場合は、独立行政法人労働者健康安全機構がその分の賃金債権を代位取得し、本来の支払責任者である使用者に求償します。
活用できる方	●次に掲げる要件を満たしている場合は立替払を受けることができます。 ⑴　使用者が、 1．労災保険の適用事業に該当する事業を行っていたこと 2．1年以上事業活動を行っていたこと 3．ア．法律上の倒産（破産、特別清算、民事再生、会社更生の場合）をしたこと この場合は、破産管財人等に倒産の事実等を証明してもらう必要があります。 イ．事実上の倒産（中小企業が事業活動を停止し、再開する見込みがなく、賃金支払能力がない場合）をしたこと この場合は、労働基準監督署長の認定が必要です。労働基準監督署に認定の申請を行って下さい。

	(2) 労働者が、倒産について裁判所への申立て等（法律上の倒産の場合）又は労働基準監督署への認定申請（事実上の倒産の場合）が行われた日の6か月前の日から2年の間に退職した者であること
お問い合わせ	●労働基準監督署 (所在地ご案内http://www.mhlw.go.jp/bunya/roudoukijun/location.html) ●独立行政法人労働者健康安全機構 未払賃金立替払相談コーナー 電話044-431-8663

制度の名称	雇用保険の失業等給付
支援の種類	給付
制度の内容	●労働者が失業してその所得の源泉を喪失した場合等に、生活及び雇用の安定並びに就職の促進のために、求職者給付、就職促進給付、教育訓練給付、雇用継続給付を一定の要件を満たした方に支給します。 ●災害により雇用される事業所が休業することとなったため、一時的な離職又は休業を余儀なくされた方に雇用保険の基本手当を支給する特例措置を実施します。
活用できる方	●災害救助法の適用を受ける市町村に所在する事業所に雇用される方で、事業所が災害を受け、やむを得ず休業することとなったため、一時的に離職を余儀なくされ、離職前の事業主に再雇用されることが予定されている方が対象です。 ●激甚災害法第25条の規定が適用された場合に、激甚災害法の適用を受ける地域に所在する事業所に雇用される方で、事業所が災害を受け、やむを得ず休業することになったため、休業を余儀なくされた方が対象です。
お問い合わせ	公共職業安定所

2　住まいの確保・再建のための支援

<table>
<tr><td>制度の名称</td><td>災害復興住宅融資（建設）</td></tr>
<tr><td>支援の種類</td><td>貸付（融資）</td></tr>
<tr><td>制度の内容
（独立行政法人住宅金融支援機構の場合）</td><td>
●自然災害により被害が生じた住宅の所有者又は居住者で、地方公共団体から「罹災証明書」を交付されている方が、住宅を建設する場合に受けられる融資です。
●融資が受けられる住宅部分の床面積の制限はありません※。
※店舗併用住宅等の場合は、住宅部分の床面積が全体の約２分の１以上必要です。
●融資対象となる住宅については、独立行政法人住宅金融支援機構の定める基準を満たすことが必要です。
●この融資は、融資の日から3年間の元金据置期間を設定でき、据置期間を設定すると返済期間を延長することができます。
<table>
<tr><th colspan="2"></th><th>融資限度額（※1）</th><th>返済期間（※2）</th></tr>
<tr><td rowspan="3">基本融資額</td><td>建設資金</td><td>1,680万円</td><td rowspan="4">35年</td></tr>
<tr><td>土地取得資金</td><td>970万円</td></tr>
<tr><td>整地資金</td><td>450万円</td></tr>
<tr><td colspan="2">特例加算額</td><td>520万円</td></tr>
</table>
※１　高齢者向け返済特例を利用した場合は、融資限度額（建設資金2,200万円、土地取得資金970万円、整地資金450万円）又は機構による担保評価額（建物と敷地の合計額）のいずれか低い額が上限となります。
※２　高齢者向け返済特例を利用した場合の返済期間は、申込人（連帯債務者を含む）全員がお亡くなりになるまでです。なお、元金据置期間は設定できません。

（注）その他詳細については独立行政法人住宅金融支援機構ホームページ（http://www.jhf.go.jp/loan/yushi/info/saigai.html）又は下記のお問い合わせ先にご確認ください。
</td></tr>
<tr><td>活用できる方</td><td>ご自分が居住するため又は罹災した親等が住むための住宅を建設される方で、住宅が「全壊」、「大規模半壊」又は「半壊」した旨の「罹災証明書」の発行を受けた方が対象です。</td></tr>
<tr><td>お問い合わせ</td><td>独立行政法人住宅金融支援機構 お客さまコールセンター
0120－086－353
沖縄振興開発金融公庫
098－941－1850</td></tr>
</table>

<table>
<tr><td>制度の名称</td><td>災害復興住宅融資（新築住宅購入、中古住宅購入）</td></tr>
<tr><td>支援の種類</td><td>貸付（融資）</td></tr>
<tr><td>制度の内容
（独立行政法人住宅金融支援機構の場合）</td><td>●自然災害により被害が生じた住宅の所有者又は居住者で、地方公共団体から「罹災証明書」を交付されている方が、新築住宅、中古住宅を購入する場合に受けられる融資です。
●融資が受けられる住宅部分の床面積の制限はありません※。
※店舗併用住宅等の場合は、住宅部分の床面積が全体の約２分の１以上必要です。
●融資対象となる住宅については、独立行政法人住宅金融支援機構の定める基準を満たすことが必要です。
●この融資は、融資の日から3年間の元金据置期間を設定でき、据置期間を設定すると返済期間を延長することができます。
<table><tr><th></th><th>融資限度額（※1）</th><th>返済期間（※2）</th></tr><tr><td>基本融資額</td><td>2,650万円</td><td rowspan="2">35年</td></tr><tr><td>特例加算額</td><td>520万円</td></tr></table>※１　高齢者向け返済特例を利用した場合は、融資限度額（3,170万円）又は機構による担保評価額（建物と敷地の合計額）のいずれか低い額が上限となります。
※２　高齢者向け返済特例を利用した場合の返済期間は、申込人（連帯債務者を含む）全員がお亡くなりになるまでです。なお、元金据置期間は設定できません。

（注）その他詳細については、独立行政法人住宅金融支援機構ホームページ（http://www.jhf.go.jp/loan/yushi/info/saigai.html）又は下記のお問い合せ先にご確認ください。</td></tr>
<tr><td>活用できる方</td><td>●ご自分が居住するため又は罹災した親等が住むための住宅を購入される方で、住宅が「全壊」、「大規模半壊」又は「半壊」した旨の「罹災証明書」の発行を受けた方が対象です。</td></tr>
<tr><td>お問い合わせ</td><td>独立行政法人住宅金融支援機構 お客さまコールセンター
0120－086－353
沖縄振興開発金融公庫
098－941－1850</td></tr>
</table>

<table>
<tr><th>制度の名称</th><th>災害復興住宅融資（補修）</th></tr>
<tr><td>支援の種類</td><td>貸付（融資）</td></tr>
<tr><td>制度の内容
（独立行政法人住宅金融支援機構の場合）</td><td>●自然災害により被害が生じた住宅の所有者又は居住者で、地方公共団体から「罹災証明書」を交付されている方が、住宅を補修する場合に受けられる融資です。
●融資対象となる住宅については、独立行政法人住宅金融支援機構の定める基準を満たすことが必要です。
●この融資は、融資の日から１年間の元金据置期間を設定でき、据置期間を設定すると返済期間を延長することが出来ます。
<table>
<tr><th></th><th>融資限度額（※1）</th><th>返済期間（※2）</th></tr>
<tr><td>基本融資額</td><td>740万円</td><td rowspan="3">20年</td></tr>
<tr><td>整地資金</td><td rowspan="2">450万円</td></tr>
<tr><td>引方移転資金</td></tr>
</table>
※１　高齢者向け返済特例を利用した場合は、上記の融資限度額又は機構による担保評価額（建物と敷地の合計額）のいずれか低い額が上限となります。
※２　高齢者向け返済特例を利用した場合の返済期間は、申込人（連帯債務者を含む）全員がお亡くなりになるまでです。なお、元金据置期間は設定できません。

（注）その他詳細については、独立行政法人住宅金融支援機構ホームページ（http://www.jhf.go.jp/loan/yushi/info/saigai.html）又は下記のお問い合わせ先にご確認ください。</td></tr>
<tr><td>活用できる方</td><td>●ご自分が居住するため又は罹災した親等が住むための住宅を補修される方で、「罹災証明書」の発行を受けた方が対象です。</td></tr>
<tr><td>お問い合わせ</td><td>独立行政法人住宅金融支援機構 お客さまコールセンター
0120－086－353
沖縄振興開発金融公庫
098―941―1850</td></tr>
</table>

制度の名称	住宅金融支援機構融資の返済方法の変更
支援の種類	減免・猶予（延長・金利の引き下げ含む）
制度の内容	●地震、津波、噴火、暴風雨又は洪水により被害を受けたご返済中の被災者（旧住宅金融公庫から融資を受けてご返済中の被災者を含む。）に対して、返済方法を変更することにより被災者を支援するものです。 ●概要は次のとおりです。 1．返済金の払込みの猶予：被災の程度に応じて、1～3年間 2．払込猶予期間中の金利の引下げ：被災の程度に応じて、0.5～1.5%の金利引下げ（ただし、引下げ後の金利が0％を下回る場合は0.01%までの引下げ） ※　フラット35（買取型）の場合は0.5%引き下げた金利 3．返済期間の延長：被災の程度に応じて、1～3年 ※　支援の内容は、災害発生前の収入額や災害発生後の収入予定額、自己資金額等を加味した「罹災割合」に応じて決まります。詳しくは住宅金融支援機構又はお取り扱いの金融機関にご相談ください。 ※（参考）住宅金融支援機構ホームページ http://www.jhf.go.jp/loan/hensai/hisai.html
活用できる方	●以下のいずれかに該当し、被災後の収入が機構で定める基準以下となる見込みの方が対象です。 1．融資住宅が損害を受け、その復旧に相当の費用が必要な方 2．債務者又は家族が死亡・負傷したために、著しく収入が減少した方 3．商品、農作物その他の事業財産又は勤務先が被害を受けたため、著しく収入が減少した方
お問い合わせ	独立行政法人住宅金融支援機構 お客さまコールセンター 災害専用ダイヤル（被災された方専用のダイヤル）0120－086－353

制度の名称	公営住宅への入居
支援の種類	現物支給・現物貸与
制度の内容	●低所得の被災者の方は、都道府県又は市町村が整備する公営住宅に入居することができます。 ●公営住宅の家賃は収入に応じて設定されますが、必要があると認められる場合は、一定期間、家賃が減免されることがあります。
活用できる方	●以下の要件を満たす方が対象です。 住宅困窮要件：災害によって住宅を失い、現に住宅に困窮していることが明らかな方 ※公営住宅に入居できる世帯の資格要件については、公営住宅を整備する地方公共団体（都道府県、市町村）で別に定める場合があります。
お問い合わせ	都道府県、市町村

制度の名称	特定優良賃貸住宅等への入居
支援の種類	現物支給・現物貸与
制度の内容	●被災者の方は、都道府県、市町村、地方住宅供給公社、民間土地所有者等が整備する特定優良賃貸住宅等に入居することができます。
対象者	●以下の要件を満たす方が対象です。 災害、不良住宅の撤去その他の特別の事情がある場合において賃貸住宅に入居させることが適当である者として都道府県知事が認めるもの(48万7千円以下で当該都道府県知事が定める額以下の所得のある者(15万8千円に満たない所得のある者にあっては、所得の上昇が見込まれる者）に限ります。)
お問い合わせ	都道府県、市町村

制度の名称	地域優良賃貸住宅への入居
支援の種類	現物支給・現物貸与
制度の内容	●被災者の方は、都道府県、市町村、地方住宅供給公社、民間事業者等が整備する地域優良賃貸住宅に入居することができます。
対象者	●以下の要件を満たす方が対象です。 災害等特別な事情があり、入居させることが適当と認められる世帯として、地方公共団体が地域住宅計画等に定めるものであって、その所得が38万7千円以下のもの。
お問い合わせ	都道府県、市町村

3 農林漁業･中小企業･自営業への支援

<table>
<tr><td>制度の名称</td><td>災害復旧貸付</td></tr>
<tr><td>支援の種類</td><td>貸付（融資）</td></tr>
<tr><td>制度の内容</td><td>●災害により被害を受けた中小企業・小規模事業者等に対して、日本政策金融公庫、沖縄振興開発金融公庫が事業復旧のための運転資金及び設備資金を融資します。
●災害復旧資金貸付は、株式会社日本政策金融公庫、株式会社商工組合中央金庫において、受付を行います。
●日本政策金融公庫の災害復旧貸付の貸付限度額等は次のとおりです。
○国民生活事業<table><tr><td>貸付限度額</td><td>各貸付制度ごとの貸付限度額に上乗せ３千万円</td></tr><tr><td>償還期間</td><td>適用する各貸付制度の貸付期間に準じる
※普通貸付を適用した場合は10年以内（うち２年以内の据置可能）</td></tr></table>○中小企業事業<table><tr><td>貸付限度額</td><td>別枠で１億５千万円以内</td></tr><tr><td>償還期間</td><td>15年以内（うち２年以内の据置可能）</td></tr></table>※沖縄振興開発金融公庫においては､日本政策金融公庫（国民生活事業、中小企業事業）の制度の内容に準じる。
●その他の条件等詳しくは各機関にご確認ください。</td></tr>
<tr><td>活用できる方</td><td>●中小企業・小規模事業者等</td></tr>
<tr><td>お問い合わせ</td><td>株式会社日本政策金融公庫　0120－154－505
沖縄振興開発金融公庫　098－941－1785</td></tr>
</table>

制度の名称	セーフティネット保証４号
支援の種類	信用保証
制度の内容	●自然災害等の突発的事由（豪雨、地震、台風等）により経営の安定に支障が生じている中小企業者への資金供給の円滑化を図るため、信用保証協会が通常の保証限度額とは別枠で保証を行います。 ●融資額の全額を保証（100%）、保証料率は信用保証協会所定（1.0%以内）。 ●無担保８千万円、最大で２億８千万円まで一般保証とは別枠で利用できます。
活用できる方	●下記、(イ)、(ロ）の両方に該当する事業者（間接的な被害を受けた方も含む） （イ）指定地域（災害救助法適用又は都道府県から指定の要請があって、国が認めた地域）において１年間以上継続して事業を行っていること。 （ロ）災害の発生に起因して、当該災害の影響を受けた後、原則として最近１か月の売上高等が前年同月に比して20%以上減少しており、かつ、その後２か月を含む３か月間の売上高等が前年同期に比して20%以上減少することが見込まれること（売上高等の減少について、市区町村長の認定が必要）。
お問い合わせ	各都道府県等の信用保証協会

以上、内閣府資料より抜粋（R1.11.1現在）

おわりに

度重なる自然災害で亡くなられた方々に哀悼の意を表するとともに、被害に遭われた皆様にお見舞い申し上げます。また、被災地の1日も早い復興をお祈り申し上げます。

本書の前身となる書籍「絶対に知っておきたい！地震火災保険と災害時のお金」を執筆したときは、東日本大震災から3カ月が経ったころでした。それから9年の月日が流れた今、風水害が多発して多くの方が犠牲になっています。

東日本大震災のとき、そして昨今の甚大な自然災害など、大きな災害が起こるたびにいろいろ考えさせられます。自然の猛威、命の尊さ、人との繋がり、本当に大切なもの、本当に必要なもの、あたりまえの幸せ、水や電気などのライフラインの大切さ、今の日本に必要なこと……あげればきりがありません。

そのような中、私たちファイナンシャルプランナーができることは何か？それをいつも考えています。人々のお金に関わるナビゲーターである私たちができること、それは普段どおりお金に関する考え方や認識をより広く啓発することだと思っています。

家計や資産運用などは平時を想定したコンサルティングが中心ですが、有事（万一の時）を想定したアドバイスにも力を入れるべきだと考えます。いつでも使えるお金を準備しておくことの重要性、経済的リスクに対する考え方の根本的な見直しなど、万が一の場合に備える方法をより強くお伝えすることで、不安のあふれた日本に安心を取り戻すお手伝いができると思っています。

最後になりますが、一緒に執筆をしていただきました株式会社ＭＫＭの三上隆太郎氏、金融デザイン株式会社の高田晶子氏、監修をしていただきました高根澤ＦＰ事務所の高根澤茂氏、この書籍を出版するきっかけをいただきました自由国民社編集担当の井上はるか氏に深く感謝するとともに、被災地そして被災地以外の皆様が安心できる日本に一日でも早く復興することを心よりお祈り申し上げます。

２０２０年９月　執筆者代表　石川英彦

著者紹介

■金融デザイン株式会社（https://www.kinyu-design.com/）

1996年12月設立。ファイナンシャル・プランニングの相談実務とデザインの実務の知見を融合し、金融のインフォグラフィックスやウェブコンテツの企画制作を手がける。50代向けコンサルティングサービス「50カラ」や自分ができるお金の貯め方・ふやし方を分析する「持ち味マネーカード（https://www.mochiaji.net/）」は金融デザインの真骨頂。

石川英彦（いしかわ・ひでひこ）
金融デザイン株式会社　代表取締役
1968年愛知県生まれ。南山大学経営学部卒業後、北米大陸をオートバイで周遊。帰国後、保険代理店の手伝いをしたことで金融の世界を知る。その“奇妙”な世界に疑問を感じ「お金に関する情報形成」「売り手と買い手がハッピーになる金融コンテンツづくり」をミッションとした、株式会社マネーライフナビを設立（1996年）。FP（ファイナンシャルプランナー）の実務をこなしながら多数の金融コンテンツを手がける。2017年９月に社名を金融デザイン株式会社に変更し50代向けサービス（50カラ）、持ち味マネーカード（お金占い®）を武器に個人向けサービスを展開中。

高田晶子（たかだ・あきこ）
大学卒業後、信託銀行に就職、人事部配属。宅地建物取引士の資格を取得し、念願叶い不動産部で働くも、お客様と銀行のハザマで苦悩する。「この人、この不動産買っても大丈夫だろうか」と思っても言えなかった罪悪感がその後私をFPへ導いてくれたのかも。信託銀行退職後、イベント会社、不動産コンサルティング会社を経て、1996年、ファイナンシャルプランナーとして独立。2010年まで女性３人で活動、年間300件の相談業務を行う。2010年より金融デザイン株式会社（旧株式会社マネーライフナビ）の取締役。

■株式会社MKM（https://mkm-escrow.com）

2020年９月設立。宅地建物取引業者や建設会社向けに中立的な第三者として取引の安全性を図るエスクローサービス、デューデリジェンス、各種支援サービスを行う。宅地建物取引業者向けのサービスとして、物件調査代行（不動産調査代行）、契約関連書類作成を提供。不動産・建設業界のプロ向けのサービスに特化している。

三上隆太郎（みかみ・りゅうたろう）
株式会社MKM　代表取締役
1970年千葉県生まれ。住友林業株式会社、家業の建設会社でもある三上板金工事有限会社、個人向け不動産コンサルティングを行う株式会社さくら事務所、中古リノベ事業をリノベ不動産として展開する株式会社WAKUWAKU、総合資格学院の宅地建物取引士講座の宅地建物取引業法専属講師を経て、株式会社MKMを設立。宅地建物取引士、２級ファイナンシャル・プランニング技能士、管理業務主任者。個人及び法人向け講演、執筆実績多数。

監修

高根澤FP事務所　損害保険プランナー　高根澤茂

※本書の内容は、2020年８月時点の最新情報を元にしています。
本書は、従前刊行していた『絶対に知っておきたい！ 地震・火災保険と災害時のお金』（2011年７月29日初版発行）のタイトルを変更し、所要の改訂を加えて刊行したものです。

自然災害に備える！
火災・地震保険とお金の本

2020年10月21日　初版第１刷発行

著者　石川　英彦
　　　高田　晶子
　　　三上　隆太郎

発行者　伊藤　滋
発行所　株式会社自由国民社
〒171-0033東京都豊島区高田３－10－11
03-6233-0781（代）　振替　00100-6-189009

印刷所　新灯印刷株式会社
製本所　新風製本株式会社

デザイン/DTP　有限会社中央制作社
カバーデザイン　JK